KB013956

초등 영어책 읽기의 기적

초등 영어책 읽기의 기적

지은이 미쉘
펴낸이 임상진
펴낸곳 (주)넥서스

초판 1쇄 발행 2021년 8월 25일
초판 3쇄 발행 2021년 9월 17일

출판신고 1992년 4월 3일 제311-2002-2호
주소 10880 경기도 파주시 지목로 5
전화 (02)330-5500 팩스 (02)330-5555
ISBN 979-11-6683-078-5 13740

저자와 출판사의 허락 없이 내용의 일부를
인용하거나 발췌하는 것을 금합니다.
저자와의 협의에 따라서 인지는 붙이지 않습니다.

가격은 뒤표지에 있습니다.
잘못 만들어진 책은 구입처에서 바꾸어 드립니다.

www.nexusbook.com

혼자서도 영어책 술술 읽는 아이로 키우기

초등
영어책 읽기의 기적

미쉘 지음

넥서스

아이에 대한 '믿음'이
엄마표 영어를 가능하게 한다.

엄마표 영어 교육을 하기 위해 어떤 책이 좋으며 언제, 어떤 방식으로 영어를 노출해야 하는지 많은 엄마들이 궁금해 한다. 그런데 이보다 더 중요하고 신중하게 고려해야 할 것은 어떻게 아이와 관계를 형성하고, 아이에게 사랑을 표현하느냐이다. 이렇게 아이와 먼저 정신적으로 서로 준비를 한 후에 영어 노출과 습관을 어떤 식으로 할 것인가 고민해야만 성공적인 엄마표 교육이 될 수 있다.

골프의 신이라 불리는 타이거 우즈Tiger Woods를 모르는 사람은 없을 것이다. 골프 선수 중 가장 돈을 많이 번 억만장자, 메이저 대회에서 15번이나 우승한 선수이다. 이런 선수에게도 코치가 있다. 그중 부치 하먼Butch Harmon이 유명하다. 타이거 우즈에게 조언해 주는 부치 하먼이 타이거 우즈보다 골프를 더 잘 칠까? 코치는 꼭 타이거 우즈만큼 골프를 잘 칠 필요는 없다. 자신의 선수가 더 잘할 수 있도록 도와주는 조력자 역할만 하면 되는 것이다.

엄마표 영어도 마찬가지이다. 하나부터 열까지 직접 시시콜콜 다 가르치려는 지도자 역할을 하는 것이 아니라 왜 영어를 배우면 좋은지 끊

4

임없이 토론하고 자기 훈련을 할 수 있게 도움을 주는 조력자와 같은 역할을 하는 것이다. 즉 엄마는 '가르치는 교사'가 아니라 아이들에게 '인생의 멘토'가 되어야 한다.

인생의 멘토가 되는 엄마가 가장 우선적으로 해야 할 것은 아이가 영어에 자연스럽게 노출될 수 있는 집안 환경을 조성하는 것이다. 요즘에는 우리나라에서도 얼마든지 마치 영미권에 있는 것처럼 환경을 만들 수 있다. 이 책에서는 어떻게 영어권 환경처럼 가정을 조성하며, 그 중심에 있는 영어책 읽기의 중요성에 대해서 다뤘다. 우리나라에서 살면서 영어에 대한 고민이 많을 수밖에 없는데 영어책 읽기를 통해서 영어 실력뿐만 아니라 장차 미래에 어떤 어려움도 이겨낼 수 있는 밑거름을 다질 수 있다.

영어를 위한 인생이 아니라 인생을 위한 영어 배움이란 것을 잊지 말자. 인생의 한 점을 차지하는 것이 영어이다. 아이가 성장하면서 충분히 즐겁게 배울 수 있다.

차례

1장 부모 마인드부터 세팅하자

 어떻게 노출할 것인가?

3장 무엇을 시작할 것인가?

4장 어떻게 보여 줄 것인가?

5장   무엇을 보여 줄 것인가?

영어책을 읽는 것만으로

모든 것이 해결되지는 않는다.

하지만 영어책을 읽지 않고선

영어를 잘할 수 없다고 확실히 말할 수 있다.

부모 마인드부터
세팅하자

01

영어책,
왜 읽어야 할까?

◎ 언어의 본질은 무엇인가?

2016년 TED에서 언어학자 존 맥홀터John McWhorter가 '새로운 언어를 배워야 하는 네 가지 이유'에 대해 강연을 한 적이 있다. 그는 현재 대략 6,000개의 언어가 존재하는데 이 세기가 끝날 때쯤에는 거의 모든 언어가 사용되지 않고, 몇백 개만 남을 것으로 예측했다. 이렇게 많은 언어가 사용되고 있다는 것도 놀랍지만, 또 금세 사라질 수도 있다는 것이 더 놀랍고 동시에 안타깝다. 세계적으로 중국어를 사용하는 인구가 가장 많지만, 중국어를 배우려는 사람보다 영어를 배우려는 사람이 더 많다. 심지어 중국에서조차 영어 공부 열풍은 대단하다. 영어는 인터넷, 금융, 외교, 항공 교통 관제, 대중음악에서 공통 언어로 사용된다. 아직은 미국이 세계에서 가장 강력한 국가이며 영어가 세계 공용어로 사용되니 좋든 싫든 간에 영어를 배워야 하는 것이 현실이다. 모국어는 물론이고 영어 또한 잘해야 글로벌 시대에서 폭넓은 정보를 얻고 지역에 상관없이 많은 이들과 소통할 수 있는 사람으로 성장할 수 있다는 것을 인정해야 한다.

그럼 영어권 사람들은 이미 영어가 모국어이니 다른 나라 언어를 굳이 힘들게 배우지 않아도 될까? 그렇지 않다. 그들도 기본적으로 외국어를 필수 과목으로 배운다. 물론 한국에서도 영어 외 제2외국어를 추가 선택하여 고등학교 때 배워야 하고, 영어권 사람들은 영어를 제외한 다른 나라의 언어 하나를 의무적으로 배워야 한다. 유럽 국가 사람들도 기본적으로 4개 언어를 공부하고 심지어 대부분 4개 언어를 모두 잘한다. 전 세계적으로 다른 나라 언어를 배우는 이유는 분명 존재한다. 존 맥훌터는 꼭 영어가 아니더라도 새로운 언어를 배워야 하는 4가지 이유가 있다고 말한다.

첫째, 한 나라의 언어를 배움으로써 그 나라의 문화에 참여할 수 있다. 문화를 잘 이해하고 동참하며 소속감을 느끼기 위해서 언어를 배우는 것은 필수이다. 둘째, 이중 언어 사용자는 치매가 발생할 가능성이 적고, 멀티태스커multitasker가 될 가능성이 높다. 즉 이중 언어를 구사할 수 있는 사람은 건강하고 업무 성과도 좋을 수 있다. 셋째, 언어를 배우는 것 자체가 주는 재미가 쏠쏠하다. 새로운 것을 알아 가는 기쁨을 느끼게 해

준다. 마지막으로 언어는 각 나라마다 독자적인 어순이 있다. 언어의 어순을 보면 각 나라의 사고방식과 세계관을 이해할 수 있기 때문에 다른 사람들의 견해와 관점을 이해하는 데 큰 도움을 준다. 꼭 영어가 아니더라도 우리의 삶을 더 풍요롭게 하도록 언어를 배우는 것이 좋다.

아이들에게 있어 무엇보다 중요한 것은, '언어를 배우는 것은 재미있다'에 중점을 두어야 한다는 것이다. '어떻게 새로운 언어를 아이가 재미있게 배우고 꾸준히 학습할 수 있도록 도울 수 있을까?'를 깊게 고민하고 실천하는 것이 본인과 자녀를 위해서 가장 중요하다. 아이들이 영어 공부를 할 때 왜 어렵게 느끼는지 이해하지 못하고 유독 답답해 하는 부모님들이 종종 있다. 만약 영어에 자신이 없는 부모님이라면 아이와 함께 영어 공부를 하라고 강력하게 말씀드린다. 이 과정을 통해 아이의 어려움을 이해하고 경험담을 공유하며 소통한다면 우리 아이들이 향후 공부를 함에 있어 정말 큰 힘이 될 것이다.

앞으로 미래에는 통 · 번역기가 완벽하게 개발될 것 같아 언어 배움의 필요성이 느껴지지 않는다는 사람들을 종종 만난다. 통 · 번역기가 완벽하게 개발된다고 하더라도 절대 인간의 창의성을 뛰어넘을 수 없다는 것이 일반적인 견해이다. 통역은 메시지를 다른 나라의 말로 표면적으로만 전달하는 것이 아니라 깊은 의미를 파악하고 저마다 가지고 있는 생각이 융합되고 해석되어 전달된다. 즉 통역가와 번역가의 생각이 함께 녹여서 전달되는 것이다. 번역은 또 다른 창조라는 말이 그래서 나왔나보다. 인간의 감정, 상황 등을 직관으로 판단하는 것은 인간만이 할 수 있다. 『번역의 정석』에서 이정서 번역가는 "(번역할 때) 두 언어가 기본적으로 다르니 일치할 수 없다는 의미의 이데올로기가 숨겨져 있다"라고 말한다. 인간의 추상적 관념의 체계를 과연 통·번역기가 제대로 파악하고 결정할 수 있을까? 아무리 데이터가 많이 쌓이더라도 그 결정을 제대로 할 수 있는 건 결국 번역가나 통역사가 할 수 있을 것이다. 인공지능(AI)으로 논문의 표절 여부는 잡아낼 수 있어도 여전히 한 언어에서 다른 나라의 언어로 직역이든 의역이든 결정하는 것은 여전히 인간만이 제대로 해낼 수 있는 창의적인 활동이다. 연구 결과에 따르면 기계는 한참 걸려서 겨우 알아낼 수 있는 문제의 해결책을 인간은 1초도 안 돼서 직감적으로 알아낼 수 있다고 한다. 직감은 인간만이 가진 고유 재능이다. 통·번역기가 아무리 훌륭해도 인간의 직감을 따라올 수는 없을 것이다. 그런 오류가 빈번한 통·번역기에 의지하느니 그냥 언어를 잘 배우는 게 더 나을 것이다.

유발 하라리Yuval Harari의 『21세기를 위한 21가지 제언21 Lessons for the 21st Century』에서 그는 2050년 세상이 어떻게 바뀔지 지금 시점에선 아무도 정확하게 예측하기는 어렵지만, 막상 2050년이 되었을 때는 인공지능이 인간보다 더 프로그래밍을 잘하고, 구글 번역 앱이 완벽하게 번역을 할 수도 있다고 한다. 하지만 분명한 건 우리가 반드시 배워야 하는 기술은 4가지의 C인 '비판적 사고Critical Thinking', '의사소통Communication', '협력Collaboration', '창의력Creativity'이라고 말한다. 우리가 AI에게 잠식되지 않고 살아남는 방법은 새로운 언어를 배우는 과정을 통해 위의

4가지 C의 역량을 키우는 것이다. 즉, 구글 번역기가 영어를 완벽하게 번역해 주기 때문에 언어를 안 배워도 되는 것이 아니라 폴리매스 Polymath(서로 연관이 없어 보이는 다양한 영역에서 출중한 재능을 발휘하며 방대하고 종합적인 사고와 방법론을 지닌 사람)의 기질을 찾아 자기개발에 힘쓰고 다양한 지식을 통합하여 큰 그림을 그리는 능력을 쌓아야만 한다. 4가지 C의 역량을 키우고, 총체적 사고를 할 수 있어야 시대를 이끌어 갈 수 있다.

◎ 영어를 배워야 하는 이유, 이렇게 설득해 보자

아이에게 영어를 배워야 하는 이유와 영어를 잘하면 좋은 점에 대해 아무리 설명을 해도 아이가 납득을 못 할 수 있다. 이미 모국어가 더 쉽고 편한 아이일수록 새로운 언어를 배우는 것을 불편하게 느끼고 영어에 대한 거부감을 가질 수 있다. 아직 영어 학습을 시작도 안 했는데 아이가 부정적인 태도를 보이면 부모는 난감할 수밖에 없다. 하지만 지극히 자연스러운 반응이니 걱정하지 말라는 말씀 드리고 싶다. 사람은 누구나 익숙한 것을 선호하고 낯선 것을 피하려는 마음이 존재한다. 아이도 어른처럼 새로운 것에 대해 본능적인 두려움을 갖고 있다. 더욱이 아이는 세상을 전체적으로 이해하고 판단할 수 없어서 세상의 모습과 변화를 어른만큼 체감하지 못한다. 만약 아이가 지금 당장 아무 문제없이 편하게 잘

지내는데 왜 영어를 배워야 하냐고 묻는다면, 오히려 그런 의문을 갖고 질문한 것을 칭찬해 주자. 그 질문에 답을 하는 과정이 아이에게 영어 학습 동기를 유발할 수 있는 좋은 기회가 될 것이다. 그리고 영어를 배워야 하는 이유를 가슴 깊이 공감하고 체감하는 아이는 스스로 알아서 배우려는 의지가 높다. 영어를 왜 배워야 하는지 본질에 대한 대화를 어려서부터 깊게 나누는 것을 추천한다. 그러려면 부모가 먼저 그 이유를 충분히 고민해 볼 필요가 있다. 부모가 진정으로 이해를 해야만 아이들의 눈높이에 맞춰 설명할 수 있을 것이다. 영어를 왜 배워야 하는지를 생각해 보면 크게 다음과 같은 4가지 이유가 있다. 이 이유들을 부모가 충분히 공감해야 아이들에게 적극적으로 설명하고 이해시킬 수 있을 것이다.

첫째, 글로벌화 시대에 영어는 제일 학습 효용성이 큰 외국어이다. 영어는 전 세계적으로 가장 널리 사용된다. 영어를 모국어로 사용하는 나라는 미국, 영국, 캐나다, 호주, 아일랜드, 뉴질랜드 6개국에 불과하지만, 공용어로 사용하는 나라가 55개국에 이르고 제2 언어로 사용하는 나라가 75개국에 달한다. 영어 하나만 할 줄 알아도 세계 136개국 사람들과 소통이 가능하다. 무역, 학술, 과학, 문화, 외교 등 거의 모든 분야에서 영어는 공용어로 사용된다. 수많은 외국어 중에서 딱 하나만 골라 배워야 한다면, 영어를 선택하는 것이 합리적이다.

둘째, 미래에 아이들의 직장이 될 한국 기업들은 영어를 많이 쓰는 글로벌 기업으로 발전할 가능성이 매우 크다. 한국 경제는 수출 의존도가 높다. GDP의 40%가 수출에서 나온다. 내수시장이 작아 수출이 받쳐줘야 경제 성장이 가능하다. 기업들도 마찬가지이다. 해외 시장에 진출해야 계속 성장할 수 있다. 삼성전자, LG화학, 현대차, 포스코, 네이버, 셀트리온 등 우리에게 익숙한 대기업들은 이미 글로벌 기업이다. 본사는 한국에 있지만, 세계 곳곳에서 제품과 서비스를 판매하고 있다. 삼성전자나 포스코는 외국인 주주 비율이 50%를 넘어 과연 한국 사람이 주인이라고 할 수 있을까 싶을 정도이다. 비단 대기업만 그런 것은 아니다. 경쟁력을 갖추고 지속적으로 성장을 하는 중소기업들도 마찬가지이다. 히든 챔피언Hidden Champion이라고 불리는 중견 강소기업들은 모두 세계 시장을 무대로 한다. 기업들이 채용할 때 외국어 능력, 특히 영어를 중요하게 여기는 이유가 여기에 있다. 바꿔 말하면, 영어를 잘하는 사람은 지금 좋은 직장이라고 생각되는 기업, 또는 앞으로 좋은 직장이 될 것으로 보이는 기업에서 중요한 역할을 담당하게 될 확률이 높다.

셋째, 중요한 최신 고급 지식은 주로 영어로 소통된다. 4차 산업혁명의 핵심 분야로 빅 데이터, 인공 지능, 사물 인터넷, 로봇, 자율 주행, 가상 현실, 생명 공학 등이 부상하고 있다. 이런 최신 과학 기술은 대부분 영어로 출간되는 해외 학술지에서 발표되고 검증받는다. 이론과 용어도 영어로 구성된다. 관련 회의도 영어로 진행된다. 또한, 아무리 국내에서 훌륭한 연구를 했더라도 해외 학술지에 영어로 발표해야 전 세계적으로 그 가치를 인정받을 수 있다. 즉, 지식의 이해와 습득뿐만 아니라 지식의 생산도 영어로 할 수 있어야 그 가치를 더 높일 수 있다. 현대 지식 경제 사회에서 남보다 앞서 최신의 고급 지식을 학습해서 활용하는 개인이나 조직은 엄청난 경쟁 우위를 누린다. 이러한 경쟁 우위를 확보하는 데에 영어가 필수적이다. 최근 열풍이 불고 있는 코딩만 해도 그렇다. 코딩도 알고 보면 영어가 기본이다. 코딩은 컴퓨터가 이해할 수 있는 언어로 프로그램을 만드는 일이다. 그런데 C언어, 자바, 파이썬 등 코딩에 쓰이는 모든 컴퓨터 언어는 영어에 바탕을 둔다. 예외가 없다. 코딩을 잘하기 위해서는 알고리즘을 잘 짜는 논리적 사고 능력이 중요하다. 영어를 잘한다고 코딩을 잘하는 것은 아니지만, 영어를 하나도 모른 상태에서 코딩을 쉽게 배우기는 어렵다.

넷째, 영어 능력은 사회적 지위에 영향을 많이 미친다. 우리 사회는 시험으로 개인의 능력을 평가하고 그 능력에 따라 기회를 부여하는 것을 가장 공정하다고 생각한다. 따라서 대학교, 대학원, 로스쿨 등에 진학하려면 입학시험에 합격해야 하고, 변호사, 회계사, 세무사, 변리사, 의사 등이 되려면 자격증 시험에 합격해야 한다. 회사에 들어갈 때도 입사 시험을 본다. 일부 대기업은 심지어 승진 시험을 치기도 한다. 우리는 이러한 시험들을 통과하면 그 보상으로 일정한 사회적 지위를 획득할 수 있다. 과히 시험 공화국이라 할 만하다. 그런데 이 모든 시험에서 빠지지 않는 과목이 하나 있다. 바로 영어다. 직접 시험을 치르지 않으면, 사전에 시험을 보고 획득한 TOEIC, TOEFL, OPIC 등의 공인점수를 제출하게 한다. 영어 능력이 뛰어나다고 모든 시험에 합격할 수 있는 것은 아니지만, 영어를 못하면 상당히 많은 시험에 통과할 수 없다. 영어 능력은 기본 소양으로서 우리가 어떤 사회적 지위를 획득하는 과정에서 일종의 거름망 역할을 하고 있다. 한국에서 영어 능력이 이렇게 중요한 위상을 갖게 된 데에는 아마 앞서 언급한 이유가 종합적으로 작용했기 때문이다. 사회 지도층에 영어권 선진국에 유학을 다녀온 교수님이나 관료 분들이 많은 것도 비슷한 이유에서이지 않을까 싶다.

그럼, 아이의 눈높이에 맞춰 왜 영어를 배워야 하는지 생각해 보자. 내가 우리 아이에게 설명했던 부분을 공유해 본다. 아이와 충분한 대화를 통해 아이가 영어를 배움으로써 얻을 수 있는 장점을 이해시켰고, 동기 부여를 할 수 있었다. 각 가정에서 더 다양한 이유를 가지고 아이와 충분히 소통하길 추천한다. 첫째, 다양한 언어를 할 줄 아는 사람은 멋있다. 멋진 옷을 입은 사람보다 아는 것이 많고 언어를 잘하는 사람이 더 멋지다. 둘째, 외국에 여행을 가서 친구를 만나 놀고 싶으면 영어를 할 줄 알아야 한다. 전 세계 대부분의 아이들이 영어를 배우기 때문에 외국에서 친구를 만나게 된다면 그 친구가 한국어보다는 영어를 할 가능성이 훨씬 더 높다. 그래서 영어를 배워 두면 다양한 나라의 친구들과도 놀 수 있다. 셋째, 영화를 볼 때 자막을 안 봐도 돼서 편하다. 팝송도 따라 부를 수 있다. 넷째, 번역서는 아무래도 원서 출간일보다 늦게 나오는 것이 일반적인데 영어를 할 줄 알면 번역서를 기다릴 필요 없이 원서를 먼저 구해 읽을 수 있다. 심지어 원서는 번역서보다 더 저렴하고, 책의 분량도 더 적다. 다섯째, 이해심이 더 생길 것이다. 문화의 차이에 대한 이해도가 높아진다. 여섯째, 영미권에서 여행 중 만약 한국인이라 영어를 못한다고 오해하며 면전에 대고 욕을 하더라도 우리는 알아듣고 제지를 할 수 있다.

일곱째, 어차피 학교 가면 수업으로 듣는다. 대학 수능에 영어 시험이 있다. 어차피 배워야 하는 것이라 그냥 큰 거부감 없이 배우는 게 인생 편하다. 여덟째, 아이가 좋아하는 종이접기 유튜버가 영미권 사람이라 영어를 배워야 알아듣고 따라 종이접기를 할 수 있다. 원하는 정보를 최대한 많이 얻고 싶으면 영어를 알아야 한다. 아홉째, 엄마는 한국어보다 영어가 더 편하다. 엄마랑 더 많은 소통을 하기 위해서 영어를 배우자. 그럼 나중에 미국에 있는 엄마 친구들과 그들의 자녀들 모두 다 같이 재미있게 놀 수 있다. 열째, 직업을 선택할 때 지역에 구애받지 않고 선택할 수도 있다. 영어로 인해 발목 잡히지 말고, 날개를 달아라. 다소 유치할 수 있지만, 아이와 솔직히 나누는 대화들이다.

우리 아이는 앞으로 사귈 수 있을 친구들과 만날 것을 대비해서, 그리고 재미있게 놀기 위해 영어 배우기 시작했다. 아이들의 동기 부여는 생각보다 거창하지 않을 수 있다. 아이들은 순수해서 단순히 그냥 멋있어 보여서란 이유로 시작할 수 있다. 특히 네 번째 이유인 번역서 없이도 원서를 읽을 수 있다는 것을 경험하고 있는 요즘 더 이상 영어 공부시킬 필요가 없게 되었다. 아이가 애장하는 투이 T. 서덜랜드^{Tui. T. Sutherland}의 『윙스 오브 파이어^{Wings of Fire}』는 현지 어린이들 사이에서 폭발적인 인기를 누리고 있는 책 시리즈이다. 우리 아이는 이 책의 신간을 번역서를 기다릴 필요 없이 바로 원서로 보고 있다. 영어를 할 줄 알아서 느낄 수 있는 혜택이나 작은 성공을 맛보면 바로 내적 동기가 발동하게 된다. 영어 공부를 해야 하는 이유에 관한 대화를 자주 나누는 것이 아이가 스스로 학습하게 하는 지름길이다. 이런 경험을 할 기회를 많이 만들어 주자. 단어와 문장을 혼자 스스로 읽어 냈다는 성취감을 통해 느끼는 희열을 우리 아이들과 경험하게 하는 것이 진짜 공부이다.

이러한 대화를 사교육 시장에서 나누어줄 선생님이 몇이나 되겠는가. 한 치 앞의 미래를 알 수 없는 지금 시대에 학교 선생님도 아닌 학원 선생님이 어떻게 아이들을 미래지향적으로 양성해 주리라 무조건 믿고 맡길 수 있겠는가? 사교육이 나쁘다는 것이 아니라 사교육만으로는 부족하다는 것을 인지해야 한다. 영어 교육을 하는데 사교육의 도움을 받더라도 엄마표 영어는 여전히 진행되어야 한다. 가정에서 이런 깊은 대화를 통해 내면의 동기부여에 불을 지피고, 동시에 부모가 솔선수범하여 영어 실력 향상에 노력하고 원서를 읽는 모습을 가정에서 보여준다면 아이들은 이 모든 과정을 당연하게 여길 것이다. '자녀는 부모의 뒷모습을 보고 자란다'는 말이 있다. 부모가 영어를 한마디라도 더 노출해 줄 때마다 아이가 느끼는 언어의 벽은 점점 얇아질 것이고 배움을 기반으로 마침내 허물어질 것이다.

우리는 더 이상 인터넷에 들어가서 검색(search)을 하지 않는다. 우리는 구글(google)한다. 그만큼 구글의 영향력은 막대하다. 구글은 가장 많은 데이터를 보유하고 있고, 전 세계 명석한 인재들을 고용하고 있다. 구글이 미래까지 예측할 수는 없지만, 앞으로도 계속해서 가장 많은 데이터를 보유하며 몸집을 불려갈 것이고 그 막대한 데이터의 언어는 영어일 것이다. 쌓여가는 정보를 제대로 이해할 수 없다면 영어로 사회 계급

1장 | 부모 마인드부터 세팅하자

이 생길 수도 있다. 조선 시대에 한문이 신분의 격차를 규정지었듯 영어 또한 더 깊숙이 우리 사회에서 사회적 계급을 나누는 요소로 작용할 수 있다. 영어를 잘해서 SKY 대학에 진학하겠다는 단순 목표가 아니라 영어로 인해 당할 수 있는 정보의 비대칭, 불편함, 좌절감을 느끼지 않으려면 우리는 미래를 제대로 준비하기 위해 배워야 한다. 이점을 가정에서 관철시키는 것이 엄마표 영어 교육의 시발점이다.

🎯 북유럽 아이들의 영어 공부 방법

다른 나라의 언어를 배운다는 것은 쉬운 일이 아니다. 모국어를 제대로 배우기도 어려운데 다른 나라 언어까지 배우는 것은 당연히 더 어렵다. 다른 언어를 배우며 느끼는 감정은 다양할 수 있다. 어떤 사람은 재미있고 쉽다 여길 수 있지만, 또 다른 사람은 엄청 어렵고 힘들다 느낄 수 있다. 특히 자발적으로 원해서 배우는 게 아니라 평가를 위해 어쩔 수 없이 배우는 상황이라면 언어에 대한 애정이 제대로 생기기도 전에 거리감만 더 생길 수 있다. 거리감과 두려움이 우리 안에 자리 잡기 전에 먼저 어떻게 언어를 배우는 것이 가장 효과적일지 생각해 보는 것이 중요하다.

자발적으로 재미있게 배우는 것이 더 좋은 성과를 낼 것이라는 건 모두 동의하리라 생각한다. 그렇다면 어떻게 아이들에게 언어를 자발적으로 배울 수 있는 환경을 만들어 줄 것인가? 무엇을 어떻게 가르칠 것인가보다 더 먼저 어떻게 노출하고 소개할 것인지, 감성 터치를 어떻게 할지를 더 고민해야 한다. 한국에서 거주하는 대다수 아이들은 함께 생활하고 어울리는 가족, 친척, 친구들 모두 한국어만 사용하는 환경에 노출이 된다. 만약 한국에서 생활하는 아이들에게 영어권 나라에서 사는 듯한 환경을 조성해 준다면 아이들의 언어 발달에 어떤 영향을 끼칠 수 있을까? 마치 처음부터 다중언어를 노출하는 나라의 가족처럼 우리 집에서도 두 언어를 자연스럽게 노출하는 방식으로 양육을 하면 어떨까?

세계에는 복잡한 역사 문제로 공용어를 2개 혹은 그 이상으로 지정한 국가가 있다. 캐나다는 영어와 프랑스어를 공용어로 지정하여 사용하고 있고, 중국도 중국어(보통화 Mandarin)와 광둥어(Cantonese)를 사용하고 이밖에도 50개 이상의 소수민족 언어를 사용한다. 홍콩 역시 영어와 광둥어를 사용하고 벨기에는 네덜란드어, 프랑스어 그리고 독일어를 사용한다. 인도는 힌디어(40%) 외 14개 공용어가 있고, 영어는 상용어이다. 언급한 모든 나라에서 영어는 필수로 배운다. 이에 반해 우리나라는 한국어만 사용하고, 영어를 필수로 배운다. 많은 한국인들이 영어를 배우기 위해서 엄청난 교육비를 지출하고 있지만 투자한 만큼 좋은 결과를 얻고 있지는 못한다.

미국에서 고등학교를 다닐 때 벨기에에서 온 오 페어Au pair를 하는 친구를 만난 적이 있었다. 오 페어는 외국인 가정집에서 거주하면서 아이를 돌봐주거나 집안일을 돕고 보수를 받고 자유 시간에는 언어를 배우는 일종의 문화 교류 프로그램이다. 그 친구가 말하기를 벨기에에서는 기본적으로 4개의 언어를 배운다고 했다. 그녀는 약간의 악센트를 가지고 있었지만 영어 실력은 훌륭했고 소통에 전혀 문제가 없었다. 어떻게 1~2개도 아니고 4개의 언어를 모두 이렇게 잘할 수 있냐고 물어보았다. 혹시 모국어 다음으로 잘하는 것이 영어인지 물어봤는데 놀랍게도 영어를 가장 못한다고 해 적잖은 충격을 받았다. 언어에 재능이 있는가 보다 했지만, 그녀는 자신의 친구들 대부분은 자신만큼, 아니 자신보다 더 영어를 잘한다고 답했다. 그들은 어떻게 공부를 하길래 미국에서 사는 현지

인들처럼 영어를 잘하는 것일까?

　　매년 글로벌 교육 기업 EF Education First 에서 발표하는 국가별 영어 능력 지수 EPI English Proficiency Index 에 따르면 영어 능력 지수가 가장 높은 나라는 네덜란드이고 네덜란드는 지난 10년간 항상 3위 안에 들었다. 5위 안에 드는 국가들은 북유럽 국가인 덴마크, 핀란드, 스웨덴, 노르웨이이고, 우리나라는 32위이다. 그리고 4개의 언어를 배우는 벨기에는 9위이다. 순위는 매해 조금씩 달라질 수는 있지만, 드라마틱한 순위 변화는 없을 듯하다. 우리나라도 교육열 하면 뒤지지 않는 나라인데 다른 나라 학생들과 비교했을 때 왜 폭발적인 결과가 나타나지 않는 것일까? 적어도 영어 공부에 이 정도 시간과 돈을 투자했으면 1위까지는 아니더라도 20위 안에는 들어야 하는 것 아닌가? 30위 안에 든 국가들을 봤을 때 우리나라가 뒤처질 이유는 없을 듯 한데 말이다.

Very High Proficiency		High Proficiency		Moderate Proficiency			
01 Netherlands	652	13 Croatia	599	30 Italy	547	39 Paraguay	517
02 Denmark	632	14 Hungary	598	30 Malaysia	547	40 Belarus	513
03 Finland	631	15 Serbia	597	32 South Korea	545	41 Cuba	512
04 Sweden	625	16 Poland	596	33 Hong Kong, China	542	41 Russia	512
05 Norway	624	17 Romania	589	34 Nigeria	537	43 Albania	511
06 Austria	623	18 Switzerland	588	34 Spain	537	44 Ukraine	506
07 Portugal	618	19 Czech Republic	580	36 Costa Rica	530	45 Macau, China	505
08 Germany	616	20 Bulgaria	579	37 Chile	523	46 Bolivia	504
09 Belgium	612	21 Greece	578	38 China	520	47 Georgia	503
10 Singapore	611	22 Kenya	577				
11 Luxembourg	610	22 Slovakia	577				
12 South Africa	607	24 Lithuania	570				
		25 Argentina	566				
		25 Estonia	566				
		27 Philippines	562				
		28 France	559				
		29 Latvia	555				

6　　　　　　　　　　　　　　　　　　　　　　　　　　　　www.ef.com/epi

세계 최대 영어 능력 평가 지수 EF EPI

도대체 어떤 방식으로 북유럽 사람들은 영어 공부를 하길래 영어 능력이 상위권을 계속 유지할까? EF에 따르면 유럽에서는 영어로 된 의사소통 능력을 중요시하고, 교실 안팎에서 매일 영어 노출하는 시스템으로 운영된다고 한다. 상위권을 굳건히 지키고 있는 북유럽 사람들의 교육 방식은 첫째도 회화, 둘째도 회화, 셋째도 회화이다. 그렇다면 우리나라 아이들이 영어를 상대적으로 못하는 이유는 무엇일까? 그것은 회화 중심이 아니라 문제 풀이와 시험 중심으로 교육을 하기 때문이다. 물론 유럽인들이 우리보다 영어를 더 잘할 수밖에 없는 것은 지리적, 공간적 가까움뿐만 아니라 언어적 상이성과 언어 환경이라는 것을 배제할 수는 없다. 하지만 우리 아이들에게도 북유럽 아이들이 받는 교육 방식처럼 언어 환경을 조성해 주면 승산이 있다. 영어는 언어이다. 의사소통하는 도구일 뿐이다. 매일 노출하고 소통하면 발전할 수밖에 없다. 부모의 영어 실력이 최상위 수준일 필요는 없다. 나 역시 여전히 부족하고 배워야 할 점이 많아 매일 공부한다. 우리는 아이를 키우면서 다시 공부하는 마음으로 세상을 바라봐야 한다. 특히 지금과 같이 급변하는 시대에는 더욱더 그러하다. 그중 언어 역시 계속 변하고 추가되기 때문에 끊임없이 배워야 한다. 영어 자체를 가르치기보다 배움의 자세를 몸소 보여주는 행위가 부모의 영어 실력보다 더 중요하다. 백 마디 말보다 한 번의 실천이 더 많은 것을 의미할 것이다.

🎯 영어책을 읽어야 하는 진짜 이유

"원서 읽기는 영어를 익히는 가장 좋은 방법이 아니다. 그것은 유일한
방법이다."

-세계적인 언어학자 스티븐 크라센 Stephen Krashen

"영어책을 읽는 것만으로 영어의 4영역(듣기, 말하기, 읽기, 쓰기)을 다
잘할 수 있을까?"라고 묻는다면 '아니다'가 솔직한 답변이다. 영어책을
읽는 것만으로 모든 것이 해결되지는 않는다. 하지만 영어책을 읽지 않
고선 영어를 잘할 수 없다고 확실히 말할 수 있다. 물론 영어를 잘한다는
기준이 제각각이긴 하지만, 내가 생각하는 영어를 잘한다는 기준은 학문
적 견해가 있고 자신의 생각을 자유롭게 말로든 글로든 표현할 수 있는
능력을 갖춘 것이다.

국어에서 문해력, 독해력, 이해력을 향상시키기 위한 방법으로 독서
를 손꼽는다. 독서는 새로운 단어를 배울 수 있는 최고의 방법이다. 줄거
리를 상상하고 등장인물의 심리 변화를 느끼고, 사건 · 사고가 해결되는
과정에서 모르는 단어나 표현이 등장했을 때 그 단어를 추론하는 능력이
향상된다. 문맥상 어휘를 습득할 때 책 안에서 만난 단어를 상황을 통해
접하기 때문에 자연스럽게 암기된다. 영어도 마찬가지이다. 영어책도 글
을 쓴 저자의 의도와 이야기 속 상황을 상상하고 유추하는 과정에서 언

어의 장벽을 넘어 이야기를 그대로 받아들이게 된다. 영어책을 번역하며 읽는 것이 아니라 영어를 언어 그 자체로 받아들이고 영어로 사고하는 연습을 하게 되는 것이다. 아이가 그 경지에 오르기까지 어떻게 지도하고 도와줄 수 있는지는 앞으로 차차 다룰 것이다.

영어책을 읽다 보면 점점 축적되는 단어와 표현들로 인해 점점 말문이 트이게 된다. 이때 북유럽 아이들이 중요시하는 교육 방법처럼 아이들이 문법이 맞든 틀리든 재잘재잘 말할 수 있도록 기회를 주어야 한다. 틀린 부분을 굳이 바로 수정해 주지 않더라도, 서서히 실력이 향상되어 점차 문법적 오류들이 개선되는 것을 볼 수 있다.

그리고 책은 문화를 흡수할 수 있는 매력적인 창구이기도 하다. 앞서 존 맥홀터가 언급한 '새로운 언어를 배워야 하는 네 가지 이유'에서처럼 책은 그 나라의 문화를 알게 하는 데 큰 도움을 준다. 굳이 초등학교를 미국에서 다니지 않더라도 미국 학창 시절이나 친구 사이의 관계를 그린 소설을 읽으면서 경험할 수 있다. 아이는 미국을 배경으로 한 그림책에서 신발을 신고 집 안으로 들어가는 그림을 보고 '미국에서는 집에 신발을 신고 들어가도 엄마한테 혼나지 않는구나.'라고 알게 된다.

책을 통해 영어를 배우는 것이 가장 쉽고 빠른 방법이다. 집에서 재미있게 책을 읽기만 하면 된다. 저자가 그려놓은 세계에 우리는 빠져 놀면 된다. 다양한 방법을 동원해 아이에게 책의 즐거움을 알려주자. 아이가 호기심을 갖고 책 속의 이야기에 빠져들고 싶은 마음과 태도를 가질 수 있도록 이끌어 준다면 엄마표 교육의 절반은 이미 성공했다고 생각한다.

부모가
앞장서야 합니다

🎯 열심히 공부해도 영어를 못하는 이유

한국인들은 왜 열심히 공부해도 영어를 못하는 걸까? 간단하게 답을 하자면 영어책 읽기를 안 하기 때문이다. 물론 영어로 말할 기회가 많지 않기도 하다. 언어를 배우는 단계에서 실질적인 대화는 없고, 단어 외우고 문제 풀이하기에만 급급하다. 영어 수업을 받으며 교과서와 문제 풀이 중심으로만 공부했던 사람들에게 영어책 읽기의 중요성에 관해 이야기하면 한 번도 영어책 읽기가 중요하다는 생각을 해 본 적이 없었다는 이야기를 종종 한다. 교과서를 보며 문법, 단어 공부만 열심히 한 사람들이 왜 다독을 많이 한 사람들보다 어휘력과 이해력이 떨어질 수밖에 없는지에 대해 알아 보자.

중학교 1학년 때 나는 영어 교과서에서 "Hello, how are you?"란 안부 인사 방법을 배웠다. 그러면서 이렇게 공부했던 기억이 난다. Hello는 Hi와 같다. 그리고 아침에는 'Good morning', 점심엔 'Good afternoon', 그리고 저녁엔 'Good evening'이라고 말을 한다는 것을 배우고 미국으로 갔다. 적어도 누굴 만나든 인사는 할 수 있겠지라는 안일한 생각을 하고 말이다. 미국에 도착한 지 얼마 되지 않아 있었던 일이다. 마트에 물을 사러 가는 길에 수영장을 지나가야 했다. (캘리포니아 주에 있는 아파트 단지 안에 작은 수영장이 있는 곳이 많다) 그 수영장에는 몇몇 이웃이 수영하고 있었고, 그중 한 이웃이 나에게 가볍게 인사를 건넸다. "How's it going?"(잘 모르는 사람에게도 가볍게 인사를 건네는 문화이다.) 순간 나는 going은 '가다'인데, 어디를 가는지 묻는 줄 알고 당황했던 기억이 아직도 생생하다. 또 한 번은 학교에 갔는데 누군가가 나에게 "What's up?"이라고 인사를 했다. up은 '위'라는 뜻인데 역시 무슨 뜻인지 몰라 당황했었다. 두 질문 모두 'How are you?'와 동일한 뜻으로 물어보는 질문이다. 미국에 가기 전에 다양한 영어 책들을 읽어 봤다면 책 속의 많은 상황을 통해 일반적으로 영어 인사를 어떻게 하는지에 대해 접할 수 있었을 것이다. 예를 들어, 그림책인 『The Good Egg (번역서 없음)』를 보면 다양한 인사말이 나온다. 책을 통해 상황에 따라 굉장히 다양한 인사말이 있다는 것을 자연스럽게 알 수 있게 된다.

「The Good Egg (번역서 없음)」 by Jory John and Pete Oswald

다양한 인사말

Hey	Nice to see you.
Hey man	How have you been?
Hi	It's nice to meet you.
Hello	Please to meet you.
How's it going?	Good morning
How are you doing?	Good afternoon
What's up?	Good evening
What's new?	How do you do?
What's going on?	Yo!
How's everything?	Are you OK?
How are things?	Alright mate?
How's life?	Howdy?
How's your day?	Whazzup?
How's your day going?	Sup!
Good to see you.	Hiya!

문학 소설의 장점은 대화체가 많이 등장하기 때문에 실제 상황에서 사람들이 어떻게 소통하는지를 다양하게 접할 수 있다는 것이다. 친구들 간의 대화, 부모와 아이와의 대화, 선생님과 학생 간의 대화 등 상황도 정말 다양하다. 이 모든 상황을 통해 우리는 대화를 어떻게 하는지 배울 수 있다. 비문학 소설의 장점은 세상의 다양한 정보와 다방면의 지식을 얻고 다양한 용어를 익힐 수 있다는 것이다. 비문학 소설을 읽음으로써 살면서 필요한 다양한 배경지식을 많이 쌓을 수 있다. 우리는 세상에 어떤 일이 벌어지는지 문학 소설이나 비문학 소설을 통해 만나보지 않았기 때문에 그 나라의 문화와 역사를 잘 이해하지 못하고 외국인을 만나도 무슨 말부터 대화를 시작할지 몰랐던 것이다.

댄 구트먼Dan Gutman의 『My Weird School』를 읽은 우리 아이가 외국인 친구를 만났다고 가정하자. 아이는 외국인 친구에게 『My Weird School』을 읽어 봤는지, 그 책을 좋아하는지, 좋아한다면 시리즈 책 중 어떤 에피소드를 가장 좋아하는지에 대해 이야기를 할 수 있을 것이다. 손짓 발짓을 하더라도 이야기할 수 있는 소잿거리를 준 셈이다. 만약 외국인 친구가 책의 주인공 A.J.를 좋아하는 친구였다면 우리 아이와 그 친구는 이미 유대감이 형성된 것이나 다름없다.

⊙ 엄마표 영어는 언제부터?

엄마표 영어를 언제부터 시작하면 되냐는 질문을 많이 받는다. 그럴 때마다 지금 당장이라고 말씀을 드린다. 엄마표 영어 교육은 아이가 태어날 때부터 하는 것이 좋다. 하지만 다소 늦게 시작했다 하더라도 걱정할 필요는 없다. 정말 걱정을 해야 하는 것은 걱정만 하고 아무것도 안 하는 것이다. 아이들이 어릴 때는 알파벳 송abc song 또는 파닉스 송phonics song을 들려주시라 말씀드린다. 영어를 공부로만 접근한다면 엄마표 영어 마인드부터 다시 세팅을 하길 당부드린다. 영어를 생활 그 자체로 받아들일 수 있는 환경과 꾸준한 노출을 통해 영어를 친숙하게 하는 것이 진정한 엄마표 영어 교육의 목표가 되어야 한다. 유아 시기엔 영어를 학습이 아니라 놀이로 접근하고 그림책을 자주 보여 주는 것이 좋다. 초등학교에 입학하면 천천히 학습적으로 접근하고 학년이 올라갈수록 재미있는 책과 학업에 도움이 되는 책을 골고루 섞어서 노출하면 된다. 엄마표 영어의 성공 공식은 간단하다. 지금 당장 시작한다. 청독, 다독한다. 그리고 입을 많이 사용하며 연습해야 한다. 그 후 학습적으로 전환하는 것은 아이와 상의하면서 아이에게 서서히 주도권을 넘기며 진행한다. 엄마표 영어의 가장 큰 적은 부모의 조급증이다. 조급한 마음을 버리고 아이의 마음을 잘 살펴보자.

불필요한 집착 – 문법과 단어

우리는 대부분 유년기에 시험을 보며 등급을 나누고 실력을 검증하는 방식으로 영어 공부를 했다. 이 영어 학습 방식은 영어 울렁증을 가진 어른을 많이 탄생시켰다. 하지만 우리는 이 실패한 영어 학습 방식을 대물림하듯 우리 아이들에게 적용시키고 있다. 언어는 사람과 사람 간에 소통하는 도구이다. 문법을 많이 알고, 단어를 많이 외웠다고 자기 생각을 잘 표현할 수 있는 것이 아니다. 우리 아이들에게 국어를 가르칠 때 자음동화나 두음법칙에 대해 먼저 알려 주는 부모가 있을까? 대부분은 먼저 전래동화나 창작동화와 같은 책을 읽고 충분히 스스로 독서력과 독해력을 향상된 후에 국어 문법을 시작한다.

영어를 못하는 이유는 문법과 단어를 모르기 때문이 아니라 사용을 안 해 봤기 때문이다. 단어를 몰라서 영어를 못하는 것이 아니라 아예 말을 해본 적이 없어서, 무슨 말부터 해야 할지 몰라서 영어로 말을 못하는 경우가 더 많다. 지금이라도 하고 싶은 말을 생각해 보자. 생활 속에서 한마디 두 마디라도 입 밖으로 말을 해 보자. 방금 입 밖으로 말한 그 단어, 문장이 바로 영어이다. 그냥 이렇게 한발 두발 내딛듯 말하고 활용하려 노력하면, 그것이 축적되어 나의 실력이 되는 것이다. 아이에게 영어 공부를 할 수 있도록 도움을 줄 때, 불필요하게 문법이나 단어에 집착하는 부모가 있는데 우리가 공부했던 교육 방식이 몸에 배서 그런 것이다. 공부했던 방식이 이러하니 영어를 노출하는 시기가 앞당겨졌다 하더라도 유치부 아이들에게 중고등학생이 배우는 방법으로 가르치는 말도 안 되는 상황이 벌어진다. 우리 아이들에게 단어나 문법을 공부시키기 전에 세상에 무엇이 있는지 무슨 일이 벌어지는지 호기심을 키워 주어야 한다. 우리 아이에게 『견우직녀』나 『수궁가』의 판소리 한 대목인 〈범이 내려온다〉 책을 읽어 주듯, 영어로 된 『마녀 위니^{Winnie and Wilbur}』 책을 읽어 주면 된다. 이 책은 하늘을 나는 마녀 이야기로 형형색색 알록달록한 책이라 많은 아이들이 좋아한다. (예전에는 『Winnie the Witch』였으나 책 제목이 바뀌었다.) 그림책을 통해 위니를 좋아하게 된 대부분의 아이들은 큰 거부감 없이 위니가 등장하는 챕터북을 볼 것이다.

이런 흥미로운 책을 많이 접하면 자연스럽게 단어를 익히게 되고 문법 실력도 개선된다. 우선 『마녀 위니』란 그림책을 통해 'witch'가 마녀라는 걸 알게 되었을 것이다. 특별히 시간 내어 외우지 않아도 반복적으로 'witch'란 단어가 나오기 때문에 자연스럽게 친숙해진다. 그러다 『Two Little Witches』라는 그림책을 본다면 'witch'란 단어를 또 만나게 될 것이고, 앞으로 읽게 될 수많은 책에 등장할 'witch'는 영원히 나의 단어가 될 것이다. 이 과정을 기다려 주지 못하는 부모들은 아이를 영어 단어 암기 지옥에 몰아 넣는다. 아이들이 다양한 책들을 통해서 충분히 배울 수 있는 단어들을 굳이 암기 시키고 이것에 대해 시험을 보게 하지 않았으면 좋겠다. 문법도 단어와 마찬가지로 영어책 읽기를 통해 자연스럽게 습득하는 것이 좋다. 아이들은 들은 대로 따라 말하게 되어 있다. 모든 책에서 'He have'가 아니라 'He has'라는 말을 한다. 이런 문장을 수도 없이 듣고 읽게 되면, 문법을 몰라도 'He has'라는 말이 저절로 나온다. 문법과 단어가 직감적으로 체화되는 것이다. 영어 문법을 진짜 공부해야 하는 시기가 왔을 때 왜 자신이 'He have'가 아니고 'He has'라고 했었는지에 대해 역으로 깨닫는 식의 문법 공부를 하는 것이 목표가 되어야 한다.

◎ 공부와 놀이 사이에서 방황하는 부모들

엄마표 영어 교육을 하는 것은 엄마가 갑자기 선생님으로 변해서 영어를 가르치는 것이 아니다. 아이를 직접 가르치는 순간 무의식중에 목표나 기대가 생긴다. 심지어 또래 아이들과 비교하게 되고, 자신의 기준이나 목표를 아이가 충족시켜 주지 못하면 엄마들은 속상한 마음에 결국 아이와 전쟁을 치르기도 한다. 이런 일이 자주 반복되면 부모 자식 관계는 나빠지고 아이는 결국 영어 자체를 싫어하게 되는 최악의 상황이 올 수 있다. 엄마 자신이 세운 목표는 내려놓아야 한다. 아이가 어리면 어릴수록 더 아이를 평가하려 하지 말고 오늘 얼마나 충실하게 영어로 활동을 하였는가를 되돌아보는 것이 좋다.

엄마표 영어는 공부보다는 놀이 학습으로 진행하는 것이 좋다. 놀이 학습으로 진행하라는 것은 '함께 알아가는 것'에 중점을 두어야 한다는 것이다. 부모가 함께 아이가 관심 있는 분야, 좋아하는 활동을 통해 영어를 알아가면 이 과정을 통해 아이는 성장할 것이다. 일방적으로 가르침을 받을 때보다 훨씬 주도적으로 놀이 학습을 할 것이고, 그러면서 자기 자신에 대해 더 잘 알게 되는 계기가 될 것이다.

엄마가 영어를 가르쳐야 아이의 신뢰와 믿음이 생기는 것이 아니다. 아이가 활동을 함께 하면서 엄마는 진정 나를 도와주려 노력하는 사람이라는 경험을 한다면 차후에 사춘기가 오더라도 적어도 부모를 적으로 두진 않을 것이다. 학습 방법으로 인해 아이들과 사이가 나빠지는 가정을 종종 본다. 엄마표 영어를 놀이식으로 접근한다면 이런 결과를 사전에 막을 수 있다. 나는 『경이감을 느끼는 아이로 키우기』를 집필한 카트린 레퀴예Catherine L'Ecuyer의 교육 방침을 많이 본받아 실천하려 노력한다. 저자는 발달 초기에 감각 자극보다 더 중요한 것은 어린이와 이를 돌보는 사람 사이의 상호작용이라고 했다. 애착 관련 연구에 따르면, 건강한 발달의 핵심은 과잉 감각 자극이 아니라 대인 관계의 상호작용이라고 말한다. 우리 아이들이 친절, 배려, 긍휼, 이해, 감사, 아름다움을 간직할 수 있게 도와주고 내적 동기가 발동될 때까지 아이를 존중해 주는 것이 아이의 경이감을 지키는 방법이다. 독서의 중요성 역시 빠지지 않는 대목이다. 과학 기술이 빠르게 발전되고 기계가 인간의 일들을 잠식할 위기에 빠진 미래에 인간들만이 할 수 있는 창의적 발상, 생각하는 힘을 키울 수 있게 도와주는 것이 진정한 미래 지향적 교육이라 생각한다.

아주 어린 아이에게는 복잡한 동화가 아니라

단순한 이야기만으로도 충분하다.

삶은 그 자체만으로도 매우 흥미롭기 때문이다.

일곱 살 아이는 동화 속 페리코가 문을 열고 들어가

용을 발견할 때 감동하지만,

세 살배기 아이는 페리코가 문을 열기만 해도

감탄하고 난리가 난다.

– 영국 작가 길버트 키스 체스터턴 Gilbert Keith Chesterton

양육을 할 때 체스터턴의 말을 자주 회상하며 아이들은 페리코처럼 문을 열기만 해도 감탄하며 경이감을 느낀다는 것을 잊지 않으려 노력한다. 나는 아이들의 순수함을 지켜주고 싶다. 그래서 학원 시스템에 아이를 밀어 넣어 아이의 성향과 성장 속도, 관심사가 무시된 채 교육하는 것을 지양한다. 진짜 아이가 관심 있는 분야, 좋아하는 놀이를 통해 자연스럽게 이중 언어로 노출을 하는 것이야말로 진정한 엄마표 영어가 아닐까 싶다.

🎯 강압적 교육과 놀이 학습의 차이

우리는 '내가 하면 사랑이고 남이 하면 불륜'이라는 식의 이중 잣대를 갖는다. 교육에서도 그러하다. '내가 하면 열심이고 남이 하면 극성'이다. '아이를 가르치려 들지 말고 아이와 함께 놀이 학습을 해라', '좋은 추억을 만들어라'라고 하지만 어찌 보면 뜬구름 잡는 소리 같을 수도 있다. 과연 내가 하려고 하는 이 교육은 강압적 교육일까 아니면 놀이 학습일까? 어떻게 구별하여 아이와 원만한 관계를 유지하며 교육을 할 수 있을까? 나도 이 주제에 대해 끊임없이 고민했다. 내가 하고자 하는 것은 놀이 학습인데 아이가 부담스럽게 느끼면 어떻게 하지? 이게 과연 맞는 걸까? 그래서 나는 나만의 기준을 세우고 '엄마의 주도인가 아이의 자발적 참여인가?', '엄마의 욕심인가 아이가 진짜 원하는 것인가?', '우리 아이는 지금, 이 순간을 즐기고 있는가?' 등의 질문을 끊임없이 스스로 물어봤다.

최근 만 5세가 된 둘째 아이가 자신도 오빠처럼 글을 쓰고 책도 스스로 읽고 싶다며 알파벳과 한글에 관심을 가졌다. 그래서 나는 지금이 놀이 학습을 할 시기인가 하고 교재와 교구를 구매하고 활동을 해 보았다. 놀이 학습을 시작하며 아이가 부담스러워 하지 않도록 실제 아이와 다음과 같은 대화를 많이 나누었다. '뭔가를 배우고 싶은 마음이 생겼다는 것이 너무 기쁘고 대견스럽다', '엄마가 최선을 다해 도와줄 테니 궁금한 것이 있으면 물어봐라', '뭔가를 배우는 것은 결국 본인이 하는 것이다', '만약 하기 힘들고 싫을 때는 언제든 잠시 멈추었다 다시 하면 된다', '한 번에 많은 것을 하려 하지 말고, 조금씩 매일 하다 보면 한글과 영어는 언젠가 알게 될 것이다'

교육과 놀이 학습의 차이는 바로 '아이의 마음을 고려하고 진행하느냐'이다. 아이가 진짜 하고 싶은 것을 하게 두면서 가이드만 제공하는 것이 핵심이다. 아이의 생각은 고려하지 않고, 전문가들이 좋다고 했던 방법들을 활용하며 부모가 강압적으로 이끌지 않도록 주의해야 한다. 아이가 알파벳을 6세에 알든 10세에 알든 상관없다. 진짜 자신이 하고 싶을 때 해야 발전 속도나 성취 가능 여부가 결정된다. 부모는 아이의 속도를 기다려 줘야 한다. 일전에 서울대학교 수학 교육과 최영기 교수님과 인터뷰를 한 적이 있다. 교수님은 부모가 먼저 너무 나서서 지도하려 들기 때문에 아이들이 발전을 못하는 것이라고 말씀하셨다. 인간은 생존본능이 있으므로 알아서 다 앞가림을 한다. 우리가 할 수 있는 최고의 선물은 배움의 즐거움을 선물하는 것, 즉 놀이 학습을 통해 즐거운 시간을 함께 보내는 것이다. 만약 아이가 하고 싶어 하지 않으면 바로 멈추면 된다. 이 행동부터 부모는 아이를 존중한다는 표현이 될 것이다.

🎯 과잉 조기 교육 vs. 효과적인 교육 방법

아동 발달심리 전문가 정석진 박사는 과잉 조기 교육은 발전하는 아이의 뇌를 망치고 아이에게 정서불안, 도피, 충동적 행동, 주의산만, 창의성 발달 저하 등 심각한 문제를 일으킬 수 있다고 말한다. 과잉 조기 교육은 아이의 뇌 발달을 방해할 수 있다는 많은 논문이 발표되고 있는데 왜 여전히 강행되고 있는 걸까? 어쩌면 '과잉'이라는 말이 너무 애매모호하기 때문이 아닌가 싶다. 어디까지가 적당한 것인지 정확히 기준이 없고, 아이마다 성향이 다르고 관심사가 다르니 때론 애매하다.

예시를 하나 들어 보자. 만 5살의 어린 아이가 음악에 관심이 많고 피아노를 배우고 싶어 해서 피아노를 가르친다. 그것을 과잉 조기 교육이라 부를 수 있을까? 반면 다른 아이는 피아노에 관심이 하나도 없지만, 또래 친구들이 모두 피아노를 배운다. 부모는 왠지 우리 아이도 배우지 않으면 뒤처질까 걱정이 되어 피아노에 관심도 없는 아이를 위해 통 크게 피아노를 구매하고 학원에 등록한다. 아이 입장이 되어 보자. 자신과 상의도 없이 갑자기 집에 피아노가 등장했다. 이 아이는 피아노를 사 준 부모님께 감사함을 느껴서 '피아노를 열심히 배워야겠다'라는 철이 든 생각을 할까? 어쩌면 피아노를 두고 부모와의 신경전이 시작될 수 있다. 부모는 아이를 위해서라고 하겠지만 아이가 정말 원하는 것은 다른 것일 수 있다는 점을 잊지 말아야 한다. 그저 부모 욕심에 아이의 생각은 고려하지 않고, 교육을 시작하는 것이 과잉 교육이다.

그럼 효과적인 교육을 하려면 어떻게 해야 할까? 파닉스를 알려 주는 방법을 예시로 들어 보자. 먼저 알파벳을 놀이처럼 알려 준다. 함께 노래 따라 부르기, 알파벳 블록이나 카드로 놀기, 알파벳이 그려진 그림에 스티커를 부착하기 등 할 수 있는 놀이는 수백 가지가 될 것이다. 알파벳이 익숙해지도록 자주 보여 주고 함께 말해 보며 책을 본다. 만약 아이가 알파벳 중 s를 배웠다면, s가 들어간 모든 단어를 사물이나 책을 통해 찾기, 몸으로 s 만들어 보기, 뱀이 스르륵 스치는 소리를 흉내 내며 문자와 음가를 인식할 수 있는 놀이를 한다. 이는 한글을 가르칠 때도 동일하게 적용할 수 있다. 이런 활동을 진행할 때 엄마가 빨리 알파벳을 배우는 것에 목표를 두면 모든 활동이 변질될 가능성이 높다. 아이들도 눈치가 백단이라 엄마가 자신에게 바라는 것이 있다는 것을 다 안다. 부모의 기대에 부응해야 할 것 같은 심리가 발생할 때 아이 마음에 부담이 생길 것이고 더 나아가 마음을 불편하게 만드는 영어가 싫어질 수 있다. 어린아이들에게 알파벳을 알려 주는 것은 상대적으로 쉽다고 생각하겠지만 첫 단추를 정말 잘 채워야 한다. 이 기운이 학년이 올라갈 때도 남아 있을 수 있기 때문이다.

학년이 올라가 다소 수준이 쌓인 아이에게 할 수 있는 효과적인 교육은 다음과 같다. 먼저 독서 활동에 방해되는 유해 환경으로부터 자유롭게 해 주고 바른 독서 습관을 잡아 준다. 아이가 영어책을 읽다 보면 분명 자신의 부족함을 느끼게 될 것이다. '단어 뜻을 유추하는 것이 답답하다', '이야기가 재미있는 것 같긴 한데 정확히 이해를 못하겠다' 등의 이야기를 할 것이다. 그때 어떻게 하면 개선할 수 있는지를 함께 논의한다. 이 부분에서 부모가 개입하는 것이다. "엄마가 어떻게 도와줄까?"라고 말하면서 우리가 선택했던 것은 실력 향상에 도움을 줄 수 있는 교재를 활용하는 것이었다. 엄마표 영어에서 아이표 영어로 주도권을 계속 넘기는 연습을 하는 것이 효과적인 교육이다. 그리고 아이가 공부하기 전과 후의 느낌과 감정에 무게를 실어 대화를 하면 아이는 공부 경험을 통해 요령이 생길 것이다. 이 모든 과정이 쉽다면 쉽고 어렵다면 어렵다. 그런데 부모가 아이를 끌고 가는 방식이 아니라 아이가 주도할 수 있는 기회를 반복해서 제공해야 한다.

영어 유치원에 아이를 입학시키고 싶어 하는 엄마를 만난 적이 있다. 그 유치원에 입학하려면 숫자와 알파벳을 다 알아야 하고 입학 시험도 통과해야 한다고 했다. 그런데도 지원하는 아이들이 많아 입학을 못 할까봐 스트레스를 받으며 아이를 가르치고 있다고 했다. 나는 이런 얘기를 들을 때마다 답답하다. '우리 영어 유치원에 입학하는 아이들은 이런 수준이라 아무나 들어올 수 없다'며 우리를 자극한다.

조기 교육을 해야 영어를 원어민처럼 할 수 있다는 근거 없는 소리에 휘청하지 않길 바란다. 나 역시 영어를 제대로 배우기 시작했던 것은 중학교 2학년 때였다. 하지만 지금 영어를 모국어만큼 편하게 사용하고 있다. 효과적인 교육 방법이란 하나라도 더 알려 주려고 혈안이 되어 있는 것이 아니라 우리 아이를 전적으로 믿는다는 메시지를 지속해서 전달하는 것이다. 어린아이들에게 무언가를 강요하며 교육하면 어느 순간 '과 잉 교육'이 될 수 있고, 어리면 어릴수록 '과잉 조기 교육'으로 변질될 수 있다는 것을 명심하자. 부모가 아이를 위해 고민해야 하는 것은 하루라 도 빨리 무엇을 교육해야 하는지가 아니라 어떤 다양한 경험을 아이와 함께하고 그 과정을 통해 아이가 무엇에 관심이 있는지를 찾는 것이다. 『조급한 부모가 아이 뇌를 망친다』를 저술한 신성욱 저자 역시 "과잉 조 기 교육이 아이의 뇌 발달을 위협하고 있다"라고 말한다. 나이에 맞지 않 는 조기 교육은 스트레스 호르몬을 분비해 뇌의 신경세포가 제대로 발달 하지 못하게 해 '감정의 뇌'를 손상시킨다고 한다. '마음껏 놀기'가 아이 들의 신체, 지성, 사회성, 감성 발달을 이끄는 핵심 요소인데 한참 '감정' 을 발달시켜야 하는 나이에 주입식 교육을 어린 나이 때부터 받고 있다.

우리 아이는 기본적으로 이과적 성향이 강해서 문자의 원리를 다소 일찍 이해하는 편이었다. 한글의 원리를 쉽게 파악해서 파닉스를 빠르게 배웠다. 그리고 책을 봤다. 사실 엄청난 독후 활동은 하지 않았다. 유일하 게 학습적으로 노출을 한 것은 아이가 기본적으로 항상 관심이 많았던 자연 관찰 같은 비문학 교재인 Oxford Read and Discover^{ORD}이었고, 1개의 레벨에 10권이 있어 일 년 내내 레벨 1을 했었다. 그리고 초등학 교 3학년 때 『네이트 더 그레이트^{Nate the Great}』란 챕터북을 처음 읽기 시작 했다. 영어 유치원 다니는 아이들은 7살 때부터 『네이트 더 그레이트』를 읽을 수 있다고 자랑을 하는데 내가 보기에는 정말 중요한 것을 잊고 있 는 것처럼 보인다. 우리 아이는 영어 유치원을 다니며 학습하느라 바쁜

나날을 보냈던 아이들과는 달리 마음껏 자연과 함께 놀았고, 영어를 배우느라 국어를 노출하는 시기를 놓칠 동안 국어로 된 책을 정말 많이 봤다. 물론 영어 그림책도 함께. 불필요한 미디어 노출식 교육 영상을 보여주는 대신 레고와 종이접기를 했고 쓰는 교육보다는 자기 생각을 말하게끔 대화식 교육을 했다.

초등학교 3학년 때 『네이트 더 그레이트Nate the Great』을 겨우 읽었던 아이가 4학년에 『해리 포터Harry Potter』를 읽었고, 이 책 부록에 수록한 많은 원서를 엄청난 속도로 읽어 나가고 있다. 가장 큰 원동력 '재미'였다. 난 불필요하게 부담을 주지 않고, 조바심이 나더라도 내색을 안 하고 일기에 하소연을 하며 마음을 다스렸다. 아이에게 '엄마는 중학교 2학년 때 영어 제대로 배우기 시작했고, 너는 엄마보다 상황이 더 낫다', '독서는 공부가 아니라 노는 것이다', '엄마도 독서가 제일 재미있다' 등의 이야기를 많이 해 주었다. 이런 가정 분위기에서 성장해서 그런지 지금은 자기주도학습과 다독이 생활화되어 있다. 아이가 아직 뭔가를 성취한 것도 아니고 아이 영어 실력 결과가 어떤지 정확하게 판단하기 어렵다. 하지만 지금 아이는 과정을 즐기고 있고 그것을 바라보는 나의 마음은 흐뭇할 뿐이다. 부족한 부분이 보이면 앞으로 채워 나가면 될 것이고, 도와주면 된다.

세상에 태어나 가장 행복한 순간을 누릴 수 있는 초등 시절에는 불필요한 스트레스는 최소화하자. 물론 공부를 게으르게 하는 것이 행복한 것이 아니다. 알아가는 즐거움을 느낄 수 있도록 장려하고 작은 성공에 함께 기뻐하며 아이를 기다려 주는 것이 진짜 교육이다. 현명하고 슬기로운 부모가 되려고 노력하는 과정에서 마음도 비우고 아이를 있는 그대로의 모습을 사랑하는 연습이 필요하다. 아이들에게만 미래가 있는 것이 아니다. 우리도 그 미래에 함께 공존할 예정이다. 우리 역시 스스로 만든 틀 안에 갇혀있지 말고, 미래를 향해 큰 그림을 그릴 수 있도록 깊은 사고를 할 수 있는 내공을 쌓아야 한다. 아이들은 우리의 발전하는 모습을 보며 따라올 것이다.

진정으로 아이가 영어를 잘하기를 원한다면

거실을 서재화하는 것부터 시작할 것을 권한다.

영어로 된 책이 잔뜩 꽂혀 있는 거실 서재를 보며

아이는 영어를 친숙하게 느끼게 된다.

2장

어떻게
노출할 것인가?

01

먼저 책과
친해져라

🎯 거실의 서재화

아이가 너무 어린 나이부터 영어에 관심을 보여도, 반대로 너무 관심이 없어도 부모의 고민은 시작된다. 아이가 이른 나이에 영어에 관심을 보이고 반응하면 "우리 아이가 영어 천재인가?" 또는 "아이가 영어에 재능이 있는데 내가 서포트를 못하면 어떻게 하지?"와 같은 고민을 하게 되고, 반대로 영어에 관심이 없으면 "우리 아이는 영어에 왜 관심이 없을까?"와 같은 고민을 하게 된다. 많은 부모들이 걱정을 하다 심지어 자괴감에 빠지기도 한다. 고민 끝에 책, 동영상, 학습지, 문제집, 과외, 학원 등을 알아보며 열심히 노력하지만 정작 어떻게 해야 하는지 몰라 막막함을 느낀 경험이 다들 있을 것이다. 그러면서 옆집 엄마의 카더라 통신(유언비어)에 귀를 기울이게 되고 또 여러 교육 서적을 찾아 읽어 보기도 하지만 막상 사람마다 말이 달라 더 고민이 깊어지기도 한다.

아무리 영어 실력이 좋은 부모들도 아이들을 지도할 때는 영어 실력이 좋지 않은 부모와 똑같은 고민을 한다. 그러니 아이들의 영어 교육에 관심이 많은 부모라면, 본인의 영어 실력은 신경 쓰지 말고 자신만의 교육 철학을 확실히 다지는 것에 집중해야 한다. 아이마다 성향이 다르기에 주변에서 하는 얘기는 참고만 하고 최대한 아이에게 맞춤형 교육이 필요하다.

진정으로 아이가 영어를 잘하기를 원한다면 거실을 서재화하는 것부터 시작할 것을 권한다. 영어로 된 책이 잔뜩 꽂혀 있는 거실 서재를 보며 아이는 영어를 친숙하게 느끼게 된다. 좋은 독서 환경은 건강한 독서 습관을 기르는 데 많은 영향을 끼친다. 아이가 글씨를 모를 때부터 영어가 친숙할 수 있도록 해야 한다. 알파벳도 한글도 아이들 눈에는 그저 그림에 지나지 않는다. 그러나 자주 보이는 글자들은 서서히 인지하게 되고, 이런 문자를 먼저 익히게 될 것이다. 그래서 의외로 요즘 많은 아이들이 알파벳을 한글보다 더 빨리 익히는지도 모르겠다.

◎ 책을 좋아하게 만드는 방법

"시대를 초월한 오래된 책에는 큰 힘이 담겨 있단다. 힘이 있는 수많은
이야기를 읽으면, 넌 마음이 든든한 친구를 많이 얻게 될 거야."

- 나쓰카와 소스케의 『책을 지키려는 고양이』

책의 권수나 레벨은 크게 상관하지 않는 것이 목표이다. 권수나 레벨
목표를 세우는 것보다 더 어려운 것이 목표를 세우지 않는 것이다. 정말
중요한 것은 천 권 읽기를 목표로 세우고 진행하는 것이 아니라 한 권이
라도 정말 사랑하는 책을 만나는 것이다. 그래서 힘들고 어려운 일이 닥
쳤을 때 위안을 주는 책이 존재한다면 성공적인 애서가의 반열에 올랐다
고 할 수 있다.

아이 역시 책을 통해 기분 좋은 경험을 많이 한다면 자연스럽게 책과
사랑에 빠지게 된다. 책에 등장하는 등장인물의 성격이나 스토리 흐름에
빠질 수도 있고 삽화나 문장의 매력에 빠질 수도 있다. 또는 책을 즐기며
읽고 있는 나 자신과 사랑에 빠질 수도 있다. 독서하고 나서 흐뭇한 마음
을 느끼는 건 아이나 어른이나 마찬가지일 것이다. 이는 몰입을 경험한
사람이라면 누구나 느낄 수 있다. 나는 우리 아이가 성장하면서 자신의
독서 취향을 파악하고, 좋아하는 저자의 신간이 나오기를 기다리고, 소
중하게 다루는 책을 자신의 책꽂이에 진열하며 뿌듯해 하기를 바란다.

이제 우리 아이들은 어느새 나만큼 독서를 즐길 줄 안다. 좋은 독서 습관이 자리 잡혀 있다면 어른이 되어 잠시 책을 멀리할 수밖에 없는 상황이 오더라도 언제든 책이 주는 기쁨을 회상할 수 있을 것이라 기대한다. 평온한 오후, 각자의 책을 들고 좋은 음악을 들으며 책을 읽고 사색하고 담소를 나누는 친구 같은 자녀들로 성장하는 것을 꿈꾼다.

◎ 서점, 도서관과 친해지기

예전에는 서점에 가면 책 안의 내용을 거의 다 볼 수 있었는데 요즘에는 비닐로 밀봉되어 있어 볼 수 없는 책이 많아졌다. 더 나아가 서점이 더 이상 서점인지 장난감 가게인지 구별을 못 할 지경이다. 아이들의 눈높이에는 책보다 장난감들이 더 많이 진열되어 있어 장난감을 사 달라고 조르기도 한다. 장난감을 사 주려면 장난감 가게를 갔을 텐데 서점이 장난감 가게로 변하고 있어 당혹스러운 상황이 자주 연출되기도 한다. 하지만 그럼에도 여전히 서점에 가서 아이가 직접 책을 고르는 경험을 할 수 있도록 지도해야 한다. 서점 직원이나 부모가 책을 추천하지 않고 아이에게 돈을 주고 직접 책을 골라 보게 하는 것도 좋은 경험이 될 수 있다. 혹시 다른 사람이 추천했던 책을 구매했는데 재미가 없었다면 이 또한 좋은 경험이 될 것이다. 자신만의 책 쇼핑 노하우가 생길 수도 있다. 이러한 과정에서 아이는 자신의 인생을 바꾸는 운명의 책을 만날지도 모른다.

도서관을 내 집처럼

　최근 둘째 아이가 서점에 가서 책을 구매하는 경험을 할 수 있도록 함께 대형 서점을 방문했다. 이미 충분히 많은 책을 소장하고 있지만, 자신만의 책을 직접 구매하여 소장하는 기쁨을 알려 주고 싶은 마음이 컸다. 소장하고 싶은 나만의 책을 갖는 것은 독서에 활력을 줄 수 있다.

　예전에는 책의 취향을 파악하고 신간을 살펴보는 재미로 서점을 자주 방문하였는데 최근에는 서점보다는 도서관을 더 자주 활용하고 있다. 도서관은 모든 책 내용을 볼 수 있고 장르별로 나누어져 있어 부담 없이 이것저것 꺼내 볼 수 있다. 비록 서점처럼 모든 신간을 바로바로 읽을 수는 없지만 좋은 책은 언젠가는 도서관에도 비치된다. 찾는 도서가 없다면 희망 도서로 해당 도서를 신청할 수 있다. 아이가 책을 좋아할 수 있도록 도서관을 최대한 활용할 것을 적극적으로 추천한다.

🎯 독서 활동의 범위를 확장하기

책을 처음부터 끝까지 꼭 다 읽어야만 '독서를 했다'라고 규정하지 않는 것이 좋다. 책장 앞에서 책을 고르고, 표지를 유심히 살펴보고, 책을 블록처럼 쌓으며 놀이도 하고, 좋아하는 책을 안고 자는 행위 등 책과 관련된 모든 행위가 독서라고 할 수 있다. 책에 대해 애정을 느끼면 느낄수록, 좋아하는 시리즈가 생기면 생길수록, 관심 가는 작가나 삽화가가 생기면 생길수록, 독서를 좋아하는 아이로 성장할 가능성은 높아진다. 아이의 행동을 무심하게 지나치지 말고, 앞에 언급한 모든 독서 활동들을 모두 높이 평가해 주어야 한다. 아이가 좋아하는 책이나 저자에 대해 말할 때 관심을 가져야 책을 좋아하는 아이로 성장할 수 있다.

같은 책만 본다거나, 도서관에서 책을 골라 오라고 시키면 다른 짓만 하다가 온다며 걱정하는 부모가 있다. 우선 이러한 행동을 보일 때 부모의 긍정적인 반응이 중요하다. 같은 책을 계속 본다고 해서 다른 책 좀 보라는 식으로 잔소리를 하는 대신 "얼마나 재미있는 책이기에 아이가 이렇게 좋아하지?" 하고 관심을 더 가져야 한다. 다독도 중요하지만, 정독 역시 중요하다. 만약 아이가 유독 특정 책만 좋아해서 그 책만 계속 읽는다고 치자. 하지만 돌려 생각해 보면 평생 그런 책을 만나는 행운이 아무에게나 찾아오는 것은 아니다. 이런 매혹적인 책을 만난 것만으로도 아이에게 큰 행운이다. 이 과정을 통해 책을 몰입하여 읽는 값진 경험을 할 것이다. 아이에게 "그 책은 그만 좀 읽고 다른 책들을 좀 봐" 하고 얘기를 할 것이 아니라, "이 책만큼 재미있는 책이 분명 또 있을 테니 우리 함께 찾아보자"라고 설득하는 것이 더 현명한 대응 방안이다.

🎯 아이가 원하는 책 고르기

누군가가 나에게 가장 좋아하는 책이 무엇이냐고 묻는다면 곧장 생 텍쥐페리의 『어린 왕자』라고 답할 것이다. 정말 수십 번도 넘게 읽은 책 이다. 10대 때 읽으며 느꼈던 『어린 왕자』와 20대, 30대, 그리고 지금의 40대에 읽은 『어린 왕자』는 사뭇 다르다. 책을 읽을 때마다 새롭게 느껴 지는 것이 있고, 과거에는 미처 생각하지 못했던 관점으로 바라보게 된 다. 책 내용뿐만 아니라 책에 대해서 예전과 다른 감정을 느끼게 된 나를 발견하는 것 역시 흥미롭다. 이런 것을 우리 아이도 느낄 수 있도록 지금 도 지속적으로 좋은 책 발굴에 힘을 쓰고 있다.

아이에게 책을 골라 오라고 하면 책 구경만 하고 결국에는 책을 못 정 하는 경우가 생길 수 있다. 물론 아이들은 여러 가지 이유로 이러한 행동 을 할 것이다. 자신이 무슨 책을 읽고 싶은지 모르거나, 단순히 책을 읽을 기분이 아닐 수도 있다. 혹은 책을 고르는 과정 자체가 너무 재미있어 순 수하게 그 시간을 즐기고 싶을 수도 있다. 아이라고 이런 기분을 느끼지 말라는 법은 없다. 아이의 행동과 말을 너무 어리게만 보지 말고 존중해 준다면 아이의 행동이 때때로 더 잘 이해가 될 수도 있다. 마음을 결정하지 못해 책을 고르지 못한다면 부모가 살짝 개입해 보는 것도 좋다. "이런 책은 어떨까?" 하며 간략하게 흥미로운 포인트가 무엇이며 어떤 이야기가 담겨 있는지 마치 영화의 예고편을 보여 주듯이 얘기해 주면 아이도 관심을 가질 수 있다.

『안 돼, 데이빗!Nᵒ, David!』이란 책은 표지부터 궁금증을 자아낸다. 그럼에도 아이가 이 책 앞에서 주저하고 있으면, "데이빗이 어떤 짓궂은 행동을 하는지 같이 볼까?", "데이빗처럼 너도 물고기가 담긴 어항을 들어 보고 싶니?", "데이빗이 친구였으면 어땠을 거 같아?", "동생이나 오빠/형이었다면?", "데이빗이 우리 집에서 이런 행동을 하면 너는 뭐라고 할 거 같아?"와 같은 질문을 통해서 아이의 관심을 끌 수 있다.

나는 이런 호기심을 불러일으키는 그림책을 선호하고 아이에게 보여 주려고 노력한다. 부모는 책을 읽으라고 잔소리하는 사람이 아니라 책 읽는 행위가 얼마나 즐거운 것인지를 소개하는 사람이다. 부모가 모든 책을 아이보다 먼저 읽어 보면 좋겠지만 현실적으로 이것은 불가능하다. 그래도 대략 어떤 내용이 담겨 있는지 적어도 책의 줄거리라도 알고 있으면 분명 도움이 될 것이다. 아이가 책에 관심을 가지길 바란다면 부모부터 먼저 책에 관심을 두길 바란다.

『안 돼, 데이빗! No, David!』

🎯 책을 가까이 할 수 있는 환경 만들기

나의 성장기를 되돌아보면 주변엔 항상 책이 가까이 있었다. 집에는 부모님의 서재가 있었고, 거실 한쪽 면에는 천장까지 닿는 책장에 책이 가득 꽂혀 있었다. 원래는 거실에 TV가 있었지만, 내가 초등학교에 입학하면서 부모님이 안방으로 TV를 옮겨서 자유롭게 볼 수 없었다. 심지어 외출하실 때 안방의 문을 잠그고 가셨다. 그리고 고학년이 되면서 TV는 우리 집에서 영영 사라졌다. 오빠와 나는 TV가 사라진 후, 자연스럽게 책장에 꽂혀 있던 책을 보게 되었다. 엄마는 위인전, 백과사전, 『먼나라 이웃나라』, 『삼국지』, 『논리야, 놀자』 등 초등학생 수준의 책들을 구매해 진열하셨다. 너무 심심해서 책을 한 권, 두 권 꺼내 보다가 결국 진열된 책의 대부분을 읽게 되었다. 특히 이원복 작가의 『먼나라 이웃나라』는 책이 닳도록 읽었다. 학원도 다니지 않았고 컴퓨터, 스마트폰이 없던 시절이라 집에 있으면 심심할 수밖에 없었다. 우리 부모님은 TV를 치워버리고 책을 가까이 두어 책을 읽을 수밖에 없는 환경을 만들어 주셨다. 유혹이 되는 상황을 애초부터 차단하신 것이다.

나는 미국에서 중고등학교를 다닐 때 미국인 가정집에 거주하였다. 지금 돌아보면 나의 독서 습관은 그때 확고히 자리를 잡은 것 같다. 미국에도 집에 TV가 없기는 마찬가지였다. 정말 하루하루 심심하기 그지없는 나날을 보내던 나는 자전거 타기, 보드게임과 같은 놀이가 끝나면 결국 친구들과 옹기종기 모여 앉아 책을 읽었다. 그 집 역시 한 면의 벽이 다 책장으로 되어 있었고 다양한 책과 클래식 음악 CD가 장식되어 있었다. 이는 내 독서 습관 형성에 큰 도움이 되었다.

어린 시절 성장했던 한국의 집과 미국의 집 모두 거실에 책장이 있었다. 그래서인지 나 역시 나만의 보금자리가 생긴다면 서재를 만들겠다는 생각을 했었다. 현재 우리 집 거실에도 서재만 있고 TV는 없다. 집에 책이 있고 눈에 잘 띄어야 한 권이라도 더 보게 된다는 경험을 바탕으로 거실을 서재화한 것이다. 아이들도 책이 가까이 있으면 한 번이라도 더 보게 될 것이라 생각했고, 그 생각은 역시나 적중했다. 하루 종일 책장 앞에서 책을 읽거나 하지는 않지만 오가며 책을 꺼내어 읽는다. 편안하게 놀이하는 것처럼 독서를 할 수 있는 환경을 만들기 위해서는 우선 책이 눈에 밟히도록 가까이에 있어야 한다.

제임스 클리어James Clear의 『아주 작은 습관의 힘Atomic Habits』에서 저자는 잊지 않고 매일 아침 사과를 먹고 싶으면, 냉장고 구석에 놓고 실천하려고 노력하지 말고, 눈에 바로 보이는 곳에 두라고 했다. 그러면 의식하지 않아도 사과를 더 잘 챙겨 먹을 수 있다는 연구 결과를 소개했다. 이렇듯 책이 눈에 밟혀야 책을 한 권이라도 더 읽을 수 있다. 가장 좋은 방법은 아이가 움직이는 동선에 책을 놓는 것이다. 아이가 언제든 책을 읽을 수 있는 최적의 환경이다. 그냥 너무 쌓아 놓고만 있으면 엄마의 정신 건강에도 안 좋으므로 적당히 깔끔하게 정리하되 손만 뻗으면 닿을 수 있도록 하는 것이 좋다.

식탁에 비치한 책 바구니

전면책장 활용

　우리 가정에서는 거실 바닥에서 생활하는 것보다 식사하는 식탁이나 테이블에서 주로 활동을 한다. 그래서 동선 중 가장 활동을 많이 하는 곳에 책장과 책 바구니를 비치한다. 전면 책장을 식탁 옆에 바로 세워서 그림책의 표지가 바로 보이게 했고, 챕터북을 볼 시기엔 바구니에 책을 담아 바구니 자체를 들고 다니면서 자연스럽게 아이가 책을 볼 수 있게 했다. 챕터북은 보통 얇고 가벼워 이케아IKEA에서 구매한 수납함을 책 바구니로 활용했다. 보통 2개의 수납함을 활용했는데 하나는 도서관 책을 담는 곳, 다른 하나는 집에서 소장하고 있는 책을 담아 분리하였다. 도서관 책과 소장하고 있는 책이 섞이면 나중에 구분하기 어렵기 때문에 꼭 분리하여 보관하기를 추천한다. 더불어 완독한 책을 다시 통에 담을 때는 가장 뒤에 세로로 두게 하여, 책 분실의 위험과 바구니 안에 담겨 있는 책의 교체 시기를 쉽게 파악하게 하였다.

아이가 성장할수록 사용하는 교재의 종류도 다양해지고 책도 두꺼워진다. 최근 잘 활용하고 있는 제품은 이케아 로스코그raskog 무빙 카트이다. 일명 국민 기저귀함으로 유명한데 제품의 바퀴가 좋아 책을 담아 이리저리 끌고 다니면서 공부나 독서하기 편리하다. 성공한 사람들은 책을 가까이 한다는 공통점이 있다. 꼭 성공을 목표로 한다기보다 책을 함께하면 인생이 풍요로워진다. '책등만 봐도 공부'라는 말을 좋아한다. 책을 가까이에 눈에 밟히도록 두면 책과 친근한 환경 속에서 성장할 수 있다.

⊙ 게임과 TV 멀리하기

책을 많이 읽을수록 당연히 지식이 쌓이고 자신의 의견을 조리 있게 피력할 수 있게 된다. 하지만 지금은 어린이, 어른할 것 없이 예전보다는 종이책을 많이 보지 않는다. 이제는 독서 말고도 즐길 거리가 너무 많기 때문이다. 현 시대 사람들은 집중하는 것을 어려워한다. 하루에 조금만 시간을 투자해도 며칠이면 책 한 권은 쉽게 완독할 수 있을 텐데 요즘은 그조차 힘겨워 한다. 독서보다 더 재미있는 것이 너무 많은 시대에 이 유혹을 어떻게 뿌리치느냐가 중요해졌다.

세계적으로 유명한 월터 미셸Walter Mischel의 스탠퍼드 마시멜로 실험을 살펴보자. 스탠퍼드 대학교 부설 빙 유치원의 3~4세 아이들을 각자 빈방에 두고 마시멜로를 하나씩 준다. 15분 동안 마시멜로를 먹지 않으면 하나를 더 주겠다고 한 뒤, 연구원은 자리를 비운다. 이 실험은 아이가 마시멜로를 지시대로 먹지 않고 끝까지 참는지, 아니면 15분의 시간을 참지 못하고 결국 먹게 되는지를 관찰하는 것이다. 이 실험을 통해 아이들이 작지만 즉각적인 보상(눈앞에 있는 1개의 마시멜로를 먹는 것)과 일정 기간 동안 기다린 후 받는 2배의 보상(2개의 마시멜로) 중 어떤 선택을 하는지를 관찰했다. 연구원이 방을 떠났다가 다시 돌아왔을 때 약 75%의 아이들이 유혹을 뿌리치지 못하고 마시멜로를 먹어버렸다. 이 실험 결과를 통해 연구진은 자제력이 높은 아이는 이후 진학을 하면서 성공할 가능성이 높다고 예상했고, 실제 예상했던 대로 유혹을 더 오래 참아낸 아이들이 청소년기에 학교 성적도 더 좋았고, 미국의 대학 입학 자격시험인 SAT에서도 더 높은 점수를 받았다. 심지어 성인이 된 뒤에도 신체질량지수 BMI도 더 낮았고 몸무게도 덜 나갔다. 연구원들은 이러한 경향성을 이른바 '만족 지연Delay of Gratification'이라고 이름을 붙였다. 이 연구를 통해 2배의 보상을 위해 만족 지연을 실천한 아이들이 했던 행동이 흥미롭다. 15분을 참고 기다린 나머지 25%의 아이들은 어떻게 유혹을 견뎠을까? 마시멜로 두 개를 쟁취한 아이들은 주로 '주의분산 전략'을 이용했다. 노래를 부르거나 천장을 유심히 관찰하거나 의자를 만지작거렸다. 마시멜로를 구름이나 베개 같이 먹을 수 없는 것으로 상상을 한 것이다. 그런데 마시멜로 실험을 통해 우리가 배울 수 있는 교훈은 '성공하려면 자제력을 키워라' 뿐인 걸까? 자제력이 있는 아이, 즉 자신의 행동에 대해 생각하는 아이, 메타인지를 잘 쓰는 아이만이 성공할 수 있는 것일까?

자제력이 강한 아이가 성공한다는 성공 공식이 이미 우리 머리에 박혀 있지만, 사실 스탠퍼드 연구팀이 발견한 진실은 '상황'의 중요성이었다. 습관 연구 최고 권위자인 웬디 우드^{Wendy Wood}의 『해빗^{Good Habits, Bad Habits}』에 따르면 '자제력이 강한 아이가 성공한다'란 공식은 사실이 아니라 그저 아이들이 처한 상황에 따라 마시멜로의 유혹을 견딜 수 있는 시간이 다른 것뿐이라고 말한다. 둘 사이의 연관성은 발견되지 않았다. 다시 말해 그저 가능성이 높은 것이지 더 오래 버틴 모든 아이가 성장해서 더 성공적인 삶을 사는 것은 아니라는 것이다.

이 실험을 통해 우리는 두 가지 전략을 마주하게 된다. 바로 '주의분산 전략'과 '상황제어 전략'이다. 주의분산 전략은 마시멜로를 눈앞에서 보더라도 자제력을 발휘해 유혹을 이겨내는 것이고, 상황제어 전략은 마시멜로를 눈에 보이지 않는 곳에 두거나 물리적으로 거리를 두는 전략이다. 상황제어는 행동 치료의 한 기법으로, 특정 반응이 더 많이 일어나거나 덜 일어나도록 환경을 바꾸거나 재배열하는 것을 뜻한다. 자제력이나 의지력이 월등히 높지 않은 일반 사람에게는 상황제어 전략을 통해 유혹이 닥칠 상황 자체를 제거하거나 고의적으로 회피하는 것이 더 효과적인 실천 방안이 될 것이다.

인간의 학습과 기억, 메타인지를 연구하는 바너드 칼리지 심리학 교수인 리사 손 박사는 『메타인지 학습법』에서 동일한 실험 결과를 통해 '메타인지'의 중요성을 언급한다. 연구원이 자리를 비우자마자 아무 생각 없이 마시멜로를 입안에 넣어 버리는 아이들은 메타인지를 사용할 이유가 없다. 유혹을 참을 필요가 없으니 이를 이겨내는 방법도 찾지 않는 것이다. 생각 자체가 필요 없는 셈이다. 우리가 메타인지로 가장 먼저 배우는 게 '멈춤stop'이다. 자기 조절력이 없는 아이들은 맛있는 것을 보면 본능적으로 입에 가져다 넣는다. 이를 옆에서 부모가 "안 돼"라는 말로 아이의 통제 능력을 길러 준다. 메타인지를 잘 활용하기 위해서는 자신의 판단에 대해 생각할 시간이 필요하다고 리사 손 박사는 말한다.

대다수의 부모는 이 유명한 시험에 대해서 알게 되면 자녀에게 장난 삼아 메타인지 능력이나 자제력이 얼마나 높은지 실험을 해 볼 것이라 생각한다. 만약 태생적으로 유혹을 견디는 힘을 가지고 태어난 아이가 아니라면 어떤 환경을 조성해 주면 좋을까? 결국, 긍정적이고 유익한 상황을 구현하면 된다. 우리 모두 독서가 중요하다는 것은 안다. 그것을 어른도 아이도 어떻게 실천할 수 있는지가 중요하다. 어떻게 책을 자발적으로 읽게 할 수 있을까? 바로 '상황'을 만들면 된다. 우리가 무심히 지나치는 동선에 책과 책에 관련된 물품을 배치하는 것이다. 그리고 유혹이 될 수 있는 물건을 치우면 된다. 마시멜로를 눈앞에 두고 지속적으로 시험에 들게 해 놓고 자제력을 운운할 것이 아니라, 집안에 있는 마시멜로를 치우면 된다. 요즘 우리 아이들에게 마시멜로와 같은 존재는 무엇일까? 어쩌면 알파 세대(2010년~2020년대 생을 아울러 알파 세대라고 함, 태어날 때부터 디지털 환경에서 자라는 인류 최초의 세대)인 우리 아이들에겐 스마트폰, SNS(페이스북, 인스타그램, 카카오톡, 트위터 등), 그리고 게임기일 가능성이 높다.

연세대학교 바른ICT 연구소가 공개한 '스마트폰 사용 통계 보고서'에 따르면 2020년 초 중고등학생들의 주간 스마트폰 평균 사용 시간은 36.2시간으로 집계됐다. 청소년 하루 평균 스마트폰 사용 실태 조사에 따르면 이미 하루 평균 5시간이며 스마트폰 과의존이 심각한 상태로 부모의 적절한 대처가 필요하다고 조언했다. 스마트폰 과의존이란 과도한 스마트폰 사용으로 현저성(스마트폰을 이용하는 생활 패턴이 다른 것보다 두드러지고 가장 중요한 활동이 되는 것)이 증가하고 이용 조절 실패(스마트폰 이용 정도를 조절하는 능력이 떨어지는 것)로 문제적 결과(스마트폰 이용으로 인해 주변 사람과 갈등, 신체적 불편, 가정·학교·직장 생활 등에 어려움을 경험함에도 계속 스마트폰을 이용하는 것)를 경험하는 상태를 말한다. 2020년 한국지능정보사회진흥원에서 보고된 스마트폰 과의존 실태조사에 따르면 유아동과 청소년의 스마트폰 과의존위험군(고위험+잠재적 위험)이 각각 27.3%, 35.8%이며 이는 매년 증가하는 추세로 보인다. 유아동은 전 연령대 중 가장 가파른 증가세를 보이고 성별로는 남아가 여아보다 과의존 위험에 취약하며 맞벌이 가정의 유아동이 외벌이 가정의 유아동보다 과의존 위험에 취약하다는 결과 조사를 발표했다. 과도한 스마트폰 사용은 신체적, 심리적으로 문제를 일으킬 수 있고, 가족 관계를 포함한 사회 관계에 악영향을 끼칠 수 있다. 그뿐 아니라 스마트폰에 한번 마음을 뺏기면 정제된 책이 눈에 들어올 리 만무하다. 물론 학업, 업무용, 교육, 교통 및 위치 정보를 검색하는 것마저 유해하다는 것은 아니다. 부작용이 우려되는 게임, SNS, TV, 동영상 이용에 대해 좀 더 심각하게 바라봐야 한다는 것이다. TV나 스마트폰, 게임에 노출이 된 아이에게 '자제력'이 있어야 한다고 훈계를 할 것이 아니라, 눈앞에서 안 보이게 치워 버리는 것이 더 현명한 처사일 것이다. 의식적으로 유혹을 피하려 노력하는 것도 힘든데 그것을 지속하는 건 실질적으로 불가능하다.

우리 가정에서는 앞서 언급한 '상황제어 전략'을 적극 활용하였다. TV가 집에 없으니 아이는 TV 시청에 대한 요구가 없었다. 하지만 이제는 TV보다 더 제지하기 어려운 강력한 유혹이 생겼다. 바로 유튜브, 넷플릭스 등을 언제 어디서나 볼 수 있는 스마트폰, 태블릿, 노트북과 같은 스마트 디바이스들이다. 이런 디바이스는 현실적으로 TV처럼 치워 버릴 수가 없다. 그래서 우리는 최대한 아이의 시선에 안 보이게 하였고 확고한 규칙을 세워 협상의 여지를 두지 않았다. 스마트폰에 SNS나 게임은 없기 때문에 부모의 통제로 인한 갈등이나 친구간의 감정 소모를 경험하지 않는다.

구글, 애플, 페이스북에 근무하는 임직원들은 현관문에 상자를 만들어 집에 도착하자마자 스마트폰을 상자에 넣어 집에서는 스마트폰을 사용하지 않는다고 한다. 업무 관련하여 가장 스마트폰을 많이 사용하는 사람들이지만 적어도 집에서는 이를 강제적으로 사용하지 않겠다는 의도인 셈이다. 우리 집 스마트 기기 사용 규칙은 아이나 어른 모두에게 적용된다. 첫째 아이는 스마트 기기를 사용할 나이가 되었을 때 처음부터 스마트폰 과의존의 심각성에 대해 대화를 나누었고, 유혹이 될 수 있는 게임, 유튜브 등을 차단하는 이유를 설명하였다. 아이를 믿지 못해서가 아니라 아예 처음부터 사용 못하게 하면, 유혹으로부터 완전히 자유로워질 수 있다는 점을 이해시켰다. 무조건 안 된다고 하는 것보다 아이와의 충분한 대화를 통해 심각성을 같이 인지하는 것이 중요하다.

결국 심심해야 책도 본다. 장난감을 가지고 하루 종일 놀다 보면 어느새 더 이상 놀거리가 없게 된다. 그럼 마지막으로 책에 눈을 돌리게 된다. 이러한 환경을 조성하려면 계속 언급했듯이 유혹이 없어야 한다. 그래야 정말 심심한 시간에 사색하고 독서하는 시간을 갖는다. 거실을 서재처럼 만들고 아이들의 동선에 책을 배치하여 아이들이 관심을 가질 수 있게 도와주는 것이 곧 독서 환경을 조성하고 더 나아가 자기주도학습이 가능하도록 하는 것이다. 우리는 방 안의 코끼리elephant in the room(모두가 잘못됐다는 것을 알면서도 먼저 그 말을 꺼낼 경우 초래될 위험이 두려워, 그 누구도 먼저 말하지 않는 커다란 문제)를 지나치면 안 된다. 스마트기기의 부정적인 측면을 잘 알고 있음에도 아이들이 좋아하는데 무작정 막을 수 없으니 어쩔 수 없다는 듯 회피하거나 무관심하게 방관한다. 정말 아이의 미래에 대해서 관심을 가진다면 지금 당장 스마트기기를 멀리하고 아이에게 책을 가까이 할 수 있는 습관을 다질 수 있도록 해야 한다.

🎯 아이와 책 대화 나누기

　책의 수준에 상관없이 부모가 먼저 책을 읽고 나서 간략하게라도 아이에게 책과 관련된 이야기를 들려주자. 그럼 아이도 어느새 스스럼없이 자신이 읽는 책에 대해 이야기하기 시작할 것이다. 그럴 때 부모가 귀를 쫑긋 세워 경청하고 방청객처럼 호응을 해 주면 아이는 더 신이 나서 이야기를 한다. 처음 내가 했던 실수는 아이가 영어책을 읽었을 때 그 책에 대해 영어로 말을 하도록 요구했던 것이다. 아이는 몇 번 시도를 하다 조금 부담을 느꼈는지 그 후에는 입을 닫아 버렸다. 재미있게 읽고 나서 엄마한테 이야기하려고 했는데 부담감으로 인해 흥이 달아나 버린 것이다.

　책을 읽고 주변 사람들에게 이야기를 전해 주고 싶은 마음이 든다면 독서의 즐거움이 지속될 가능성은 매우 높다. 독서의 즐거움을 느낄 수 있도록 부모가 반응을 해 주면, 아이는 자발적으로 자신이 읽은 책에 대해 말을 할 것이다. 그러면 아이의 이야기를 통해 아이의 생각과 취향을 알 수 있게 된다. 이런 과정과 경험이 중요한 것이지, 읽은 내용을 어떤 언어로 전달하는지가 중요한 것이 아니다. 아이가 마음의 준비가 되면 먼저 시도할 것이다. 어차피 책을 영어로 읽었다면 등장인물 이름, 지역의 고유명사, 사건들이 영어로 되어 있어 이야기를 하다 보면 중간중간에 영어를 할 수밖에 없다. 초등 수준에서는 탐독하는 것이 더 중요하다.

　부모와 아이 모두 서로 자신이 읽은 책에 대한 이야기를 하는 책 대화 시간을 자주 갖도록 하자. 아이도 부모가 읽은 책에 대해 간접 경험을 하게 되고, 더 나아가 어쩌면 자신도 어른이 되어 부모가 읽은 책을 읽어 보고 싶다는 생각이 들지도 모른다. 고대 그리스의 철학자 소크라테스는 의견을 주고받으며 토론하는 구술 문화를 지지했고, 유대인들은 동급생, 가정, 선생님과 서로 질문을 주고받으며 논쟁하는 전통적 토론식 교육학습 방법인 하브루타 방식으로 교육했다. 이처럼 아이가 마음껏 질문을 할 수 있는 환경을 만들어 주고 스스로 답을 찾을 수 있도록 유도하는 책 대화를 많이 하는 것은 큰 도움이 된다. 어린 시절 나는 아버지의 서재에서 『삼국지』를 발견하고 무턱대고 읽기 시작했다. 한자와 어려운 단어들이 많아 분명 반도 이해를 못했을 텐데 무슨 허세이고 오기였는지 어쨌든 삼국지를 읽었다. 『삼국지』를 읽고 아는 체 하며 아버지와 대화를 나누었던 추억이 있다. 어쩌면 아버지의 독서하는 모습이 멋있어 보였기 때문에 어른 흉내를 낸 것일지도 모르겠다. 우리 아이가 초등학교 2~3학년쯤 내가 원서로 『사피엔스Sapiens』와 『코스모스Cosmos』를 읽었는데, 아이는 자기도 엄마처럼 이런 책을 얼른 읽어 보고 싶다고 얘기를 했었다.

부모가 아이와 대화를 나누는 것은 정말 중요하다. 아이의 이야기 전달력이 현저히 떨어지더라도 질타가 아니라 사랑의 눈빛으로 바라보는 것이 필요하다. 아이와 대화를 통해서 소통을 시도하는 것 자체가 큰 의미가 있다. 그리고 이런 날들이 쌓이면 결국 아이의 말주변과 어휘력은 향상되고 자기 생각이 확고해지며 명쾌하게 자신의 생각을 전달하게 될 것이다.

책 읽는
환경 만들기

🎯 리딩 누크: 나만의 보금자리

책장을 멋지게 꾸미는 것만큼 중요한 것은 자신만의 아늑한 독서 공간을 만드는 것이다. 엄청난 고가의 책상이나 의자가 필요한 것이 아니다. 그냥 좋아하는 담요, 인형, 독서대, 스탠드, 쿠션, 의자, 방석 등으로 자신만의 공간을 만드는 것이 핵심이다. 물론 이 모든 과정은 아이와 상의하고 아이의 의견을 충분히 반영해 주어야 한다. 리딩 누크reading nook를 꾸미는데 소품을 구매하며 뭔가 더 특별함을 부여할 수도 있다. 아이가 아침에 눈을 뜨자마자 무의식적으로 향하는 공간이 어디인지 관찰하

우리 집 아이들의 리딩 누크

여 아이만의 보금자리를 만들어 주길 추천한다. 매일 방문하고 습관적으로 책을 꺼내 볼 수 있는 곳이니 책장과 동선이 짧으면 더 좋다. 뭔가 특별해 보이는 나만의 공간은 아이나 어른이나 똑같이 갖고 싶어 한다.

우리 집에서 나의 리딩 누크는 회색 암체어(팔걸이가 있는 의자)이고 큰 책장 바로 앞에 놓았다. 바로 유튜브 영상을 찍는 배경 화면이기도 하다. 내가 자주 이곳에 앉아 책을 읽어서인지 결국 이곳은 첫째 아이의 리딩 누크가 되었고, 그 후 둘째와 자리다툼이 시작되어 추가로 소파를 구입하기도 했다. 노란색 2인 소파를 추가로 구매를 하여 딸이 좋아하는 헬로키티 담요와 나무 그림 쿠션, 그리고 인형 친구들과 함께 독서하는 리딩 누크를 만들었다. 간식을 주면 자동으로 Oxford Reading Tree^{ORT} 시리즈를 꺼내 노란 소파에서 책을 본다. 그리고 자신만의 공간에서 독서의 참맛을 달달한 간식과 함께 즐긴다. 신기하게도 구석을 좋아하는 아이들이 많다. 소파 뒤 구석진 곳, 미끄럼틀 아래 조그만 공간에서 조용하게 책을 읽을 때, 그 순간을 포착하고 조금 더 편안함을 느끼도록 업그레이드 해 주면 된다. 아이들의 보금자리는 수시로 변경된다. 아이를 잘 관찰하여 자주 분위기를 바꿔 주는 것도 책 읽는 시간을 늘리는 방법 중 하나이다.

미래학자로 유명한 토머스 프레이Thomas Frey 다빈치 연구소 소장은 "미래의 집은 단순히 집 이상의 역할을 하며, 사람이 원하는 모든 것을 갖추게 될 것이다"라고 말했다. 매년 미래의 소비 트렌드를 분석하고 예측하는 김난도 교수와 서울대 소비 트렌드 분석 센터에서 출간되는 『트렌드 코리아 2021』에 따르면 창의적인 생각을 하기 위해서는 개방된 공간에 있는 것이 좋고, 긍정적인 생각을 하기 위해서는 동선이 자유로워야 좋다며 앞으로의 집은 이 모든 활동이 가능할 수 있도록 더 가변적으로 변할 거라고 한다. 가장 오랜 시간 동안 머물러 있는 집의 공간은 사람들의 사고방식에 영향을 미친다고 한다. 프랑스 철학자 가스통 바슐라르Gaston Bacheland는 "집은 세계 안에 있는 우리의 일부이며 우리가 경험하는 최초의 세계"라고 말했다. 우리 아이들이 경험하는 최초의 공간에 멋진 리딩 누크를 만들어 독서라는 즐거운 경험을 선물하는 것은 어떨까? 다 같이 옹기종기 앉아 책을 읽고 놀고 담소를 나누는 환경을 만들고 매일매일 추억을 쌓아 가면 독서는 삶의 일부분이 될 것이고 책을 읽는 습관이 몸에 밸 것이다.

🎯 잠자리 독서 시간 활용 방법

둘째 아이도 첫째 아이처럼 잠들기 전에 언제나 잠자리 독서를 한다. 아직 시계를 볼 줄 모르기 때문에 시간의 흐름을 자주 알려 주는데 잠들기 한 시간 반 전에는 하루를 정리하고, 적어도 한 시간 전에는 침실 외모든 전등을 끄고 침실로 향한다. 잠잘 시간이라고 알려 주면 아이는 책을 부랴부랴 고르고 무빙 카트에 담는다. 그리고 무빙 카트를 침실로 끌고 간다. 둘째 아이는 한 권이라도 더 많이 읽고 싶어 하지만, 엄마의 목표는 일정한 시간에 잠들게 하는 것이다.

책을 고를 때 국어책 대비 영어책 비율은 6:4 또는 7:3으로 했다. 나의 목표는 우선 국어를 잘하는 것이었고 동시에 영어를 노출하는 것이었기 때문에 국어책의 비중이 항상 더 높았다. 그래서 아이가 책을 꺼내 올때도 비슷한 비율로 가져오라고 했다. 영어책을 덜 읽고 싶어 하는 조짐이 보일 때는 잠자리 독서 시간을 적극적으로 활용했다. 아이 입장에서는 이 시간엔 잠을 최대한 늦게 자고픈 마음이 크기 때문에 어떤 책이든다 괜찮다고 한다. 아이가 진짜 읽고 싶어 하는 책과 엄마가 읽어 주고 싶어 하는 책의 비율을 대략 정해 두면 좋다. 영어책뿐 아니라 아이가 덜 관심을 가지는 장르의 책도 마찬가지이다.

책을 읽고자 하는 욕심은 유난히 잠자리 독서를 할 때 폭발한다. 꼭 그렇게 낮에는 물을 안 마셔도 잠들기 전에는 물도 마시고 싶고 화장실도 가고 싶은 것처럼 자기 직전에 책을 더 읽고 싶어 한다. 밤에는 전집처럼 무겁게 책을 운반하며 발생할 수 있는 사고를 예방하기 위해 무빙 카트를 끌고 다니면서 책을 담도록 지도했다. 마치 도서관 사서 선생님이 책을 정리하고 운반하는 것처럼 아이는 역할놀이를 하듯 책을 담는다. 잠자리 독서 시간이 길어지는 경우가 많기에 잠자리 독서는 잠드는 시간으로부터 적어도 1시간 전에 시작한다. 만약 아이를 8시에는 재우길 원한다면 7시 전까지 식사, 집안 정리, 양치질, 샤워 등을 모두 끝내고 책까지 이미 다 골라야 한다. 그리고 7시에는 침대에 들어가 아이에게 선택된 책 읽기를 시작한다. 나는 이것을 잠자리 세레모니라고 칭했다. 잠들기 전에는 당연히 독서를 하는 것으로 어렸을 때부터 습관 형성을 하였고 독서를 하며 다양한 대화를 나누었다. 권수에 상관없이, 아이가 고른 책을 다 읽지 못하더라도 정해진 취침 시간에 맞춰 읽던 책만 끝까지 읽고 불을 끄도록 지도했다. 아이는 엄마와 푸근한 독서 시간을 가지며 소통을 하면서 안도감을 느끼며 정서적으로 안정된 아이로 성장할 것이다.

매일 잠자리 독서 한 시간은 큰 변화를 준다. 책을 가까이 하고 하루를 책으로 시작해서 책으로 마무리하는 습관을 어려서부터 들인다면 아이들은 책을 일상생활의 일부분으로 당연하게 받아들일 것이다. 저녁 시간에 책을 고르는 시간이 너무 오래 걸려 정말 책 읽는 시간 확보가 어렵다면, 낮에 미리 책을 고르도록 지도할 수도 있다. 직장에서 너무 늦게 퇴근해서 책을 읽을 시간이 없다면, 잠자리 독서를 모닝 독서로 변경하여 오전 시간을 활용하거나 주말을 적극적으로 활용할 수도 있다.

03

영어책 읽기는
놀이처럼

🎯 영어책 읽기는 공부가 아니라 놀이

    아이가 이미 독서를 즐기고 이를 놀이처럼 생각한다면 영어책 역시 비슷하게 생각하게 만드는 것은 그리 힘들지 않을 것이다. 우리가 흔히 범하는 실수 중 하나는 영어책을 읽을 때 놀이가 아니라 공부하는 분위기로 접근하는 것이다. 독서는 언어에 상관없이 어떤 의도를 가지고 접근하냐에 따라, 즉 정보를 얻기 위함인지 또는 재미있는 시간을 보내기 위한 것인지에 따라 마음가짐과 행동이 달라진다. 일반적으로 우리는 드라마나 영화를 시청하는 것은 재미있는 시간을 보내는 것으로 생각한다. 애서가 역시 책을 읽는 것은 순수하게 즐기기 위함이다. 우리는 소위 여가를 즐긴다는 표현을 쓴다. 하지만 영화나 드라마를 분석하고 평론하는 직업을 가진 사람에게는 어쩌면 더 이상 즐기기만 하기 힘든, 해야만 하는 일이 되어 마음 편히 시청하기 어려울 수 있다. 책도 마찬가지이다. 논문을 써야 해서 책을 읽어야 하거나 숙제로 독후감을 써야 하기에 의무적으로 하는 책 읽기 행위는 오롯이 즐기는 목적으로는 어려울 것이다. 목적이 분명하고 결과물이 확실히 있어야 할 때 우리는 의무감을 가지게 되고 그렇게 되면 즐기기가 어려울 것이다.

아이들의 독서도 역시 즐거움이 전제가 되어야 한다. 그러기 위해서는 우선 아무런 부담이 없어야 한다. 2~4살이 된 어린아이에게 책을 읽어 줄 때를 회상해 보자. 제대로 이해했는지 시험을 봤는가? 아이가 제대로 이해하지 못해도 문장이 있는 글을 읽어 주었다. 책 역시 장난감처럼 부담없이 가지고 놀도록 해야 한다. 어렸을 때부터 잠자기 전에 독서 시간을 갖기 시작했다면 해가 뉘엿뉘엿 넘어갈 무렵이 되면 아이는 당연하게 책을 꺼내 들고 잠자리 독서를 한다. 부모가 자녀들에게 책을 읽어 주면 아이들은 문자 언어에 빠져들어 책 읽기를 즐기게 된다. 자신이 혼자 스스로 읽은 첫 번째 책을 떠올리면 뿌듯한 감정과 좋은 추억으로 남는다. 이러면서 아이는 독서의 첫발을 내딛는 것이다.

우리 아이들은 아직 국어를 잘 모른다. 지금 스스로 국어책을 읽을 수 있든 못 읽든 간에 여전히 국어 실력은 한없이 부족할 것이고 모르는 단어도 많을 것이다. 아직 어린아이들에게 그때그때 모르는 단어를 찾아 어휘 노트 만들기를 장려하기보다 자유로운 책 읽기를 지도해야 한다. 그런데 영어는 아직 우리나라에서 학습이라고 생각하고 교육 관련된 책들이 많이 있다. 영어를 공부라고 생각하고 접근해서 10년 이상 영어를 공부해도 영어책 한 권 제대로 읽어 본 적이 없는 사람이 많다. 오히려 육아를 하며 영어 그림책을 보고 그제서야 영어에 흥미를 느끼는 어른도 많이 있다. 아이의 영어 그림책을 보며 영어 공부를 하고 싶다는 의욕이 생기는 부모들이 있다면 무엇보다 부담이 없기 때문일 것이다. 그냥 쉽게 읽고 즐기면 되기에 더 의욕이 생기는 것이다.

우리 모두 남이 나를 평가하려 드는 것에 대해 마음이 편하지 않다. 그래서 아이들 역시 하는 공부와 행동에 대해서 평가하려고 해서는 안 된다. 그건 학업적으로 어느 정도 성취도를 보여야 하는 중고등학생 때 하면 된다. 적어도 유치부, 초등학교 저학년 때까지는 모르는 단어를 사전을 통해 찾아야 하고 새로운 단어를 배워야 한다는 목표 의식도 없애자. 이렇게 하면 아이는 영어책을 좋아할 확률이 지금보다는 훨씬 높아질 것이다.

🎯 아이의 독서 흥미를 자극하는 활동 팁

아이가 독서하면서 흥미를 느낄 수 있는 활동을 소개한다. 학업적인 요소가 아니라 취미로 해도 좋다.

1. 오디오북을 통해 들으면서 책을 읽는다.
2. 흥미로운 책 위주로 읽는다.
3. 읽고 싶은 책 목록을 만든다. (읽어야 하는 책과 읽고 싶은 책의 비율 1:9)
4. 책 표지의 사진을 멋지게 찍어 기록으로 남긴다.
5. 서평 글을 작성하거나, 등장인물, 이야기를 바탕으로 그림을 그려 본다.
6. 북튜버booktuber를 통해 책에 대한 견해를 듣고 자신의 의견을 글로 남긴다.
7. 굿리즈Goodreads 북클럽에 가입하여 함께 읽는다.
8. 서점과 도서관을 주기적으로 방문한다. (꼭 구매로 이어지지 않아도 좋다)
9. 독서 통장을 활용한다.
10. 읽은 책에 대해 가족이나 주변인에게 소개한다.
11. 독서록을 만든다.
12. 좋아하는 문장을 기록해서 자주 꺼내 본다.
13. 읽고 싶은 책을 무빙 카트에 담아 꾸민다.
14. 아이가 주도적으로 자신의 책장을 꾸민다.

또래 아이들과 의견을 나누고 부모와 책 대화를 나누며 열정을 공유하는 아이는 그렇지 않은 아이보다 무엇이든 쉽게 포기하지 않고 계속 동기부여를 내면에서 찾는다. 남이 시켜서 하는 독서 말고 아이가 자발적으로 읽고 싶은 마음이 들 수 있도록 끊임없는 대화가 필요하다.

🎯 아이 책장 자주 변경해 주기

나는 아이들과 함께 가구의 위치를 변경하는 것을 좋아한다. 새로운 물건을 사는 것을 좋아하는 성격이 아니라서 있는 물건을 가지고 이리저리 옮기며 새로운 분위기를 만든다. 물론 이 과정을 통해 쌓인 먼지를 청소하게 되어 위생적이기도 하다. 가구의 위치를 바꾸는 것보다 더 자주 바꾸는 것은 책장의 책 배열이다. 책을 구매하고 동일한 책장 위치에 꽂아 두고 보는 것만이 아니라 수시로 책의 배열을 바꾸다 보면 눈에 띄지 않았던 책들이 부각될 때가 있다. 이럴 때는 마치 새로 책을 구매한 기분이 들기도 한다. 이런 위치 변경은 엄마가 혼자서 하는 것이 아니라 아이와 함께 하는 것 중요하다. 책 배열을 다시 하는 이유는 숨겨져 있던 추억의 책을 소환하는 과정에서 아이와 도란도란 대화 나누는 시간을 확보하고 아이와 새로운 추억을 만들기 위함이다.

아이와 소통하는 방법은 다양하겠지만 취재하듯 시간을 따로 내서 질의응답을 하는 것이 아니라 이렇게 함께 정리하면서 아이의 취향, 재미있었던 책, 별로였던 책, 좋아하는 작가, 소장하고 싶은 책, 신간 소식, 좋아하는 캐릭터, 어떤 장르의 책을 나중에 집필하고 싶은지 등 다양한 대화를 나눈다. 최근에 읽은 책은 무엇이고 어떤 점이 좋았는지, 어떤 내용의 책이 끌리는지, 즉 선호하는 장르가 무엇인지에 대해 대화를 나누다 보면 어느새 아이는 자신이 이렇게 책을 좋아하고 관심이 있는 아이였는지를 새삼 깨닫게 된다.

때로는 책장 앞에서 서로의 취향을 알아갈 수 있게 이상형 월드컵 놀이를 하듯 '더 선호하는 책 이름을 말하는 게임'을 하기도 했다. 예를 들어 "저자 로알드 달Roald Dahl의 책 중 어떤 책을 가장 좋아해?", '그 이유는 뭐야?", "해리 포터가 좋아, 퍼시 잭슨이 좋아?", "어린 동생들에게 『네이트 더 그레이트Nate the Great』를 추천하고 싶어 아니면 『꼬질이 버티Dirty Bertie』를 추천하고 싶어?"와 같은 질문을 서로에게 할 수 있다. 질문에 대한 답을 알더라도 능청스럽게 아이에게 이것저것을 물어볼 수도 있다. 이때 중요한 건 추궁하듯 말하는 것이 아니라 정말 진솔하고 재미있는 대화를 나누는 것이다. 꼭 대화가 유익해야만 하는 것도 아니다. 엉뚱하고 기발할수록 나누었던 대화가 더 기억에 오래 남는다. 그리고 오픈형 질문으로 꼬리에 꼬리를 물어 이야기가 어디로 튈지는 모르지만 알차고 재미있는 시간을 갖는 것이 중요하다. 이러한 시간이 쌓이면 쌓일수록 아이는 독서에 대한 긍정적인 마음이 생길 것이다. 영어 관련 대화를 할 때 잔뜩 힘이 들어가는 부모가 있는데 아이가 잘하기를 바라면 바랄수록 마음을 비우고 조바심을 버리고 접근을 해야 한다. 아이들은 눈치가 백단이라 뭔가 부담이 느껴진다 싶으면 영어로 말하는 것뿐 아니라 영어에 대한 모든 것들에 대해서 입을 다물어 버릴 수도 있다.

다시 책 배열에 관한 이야기로 돌아와서, 자신의 독서 패턴을 생각해 보고 스스로의 취향을 파악할 수 있도록 대화를 이끌어 내고 정말 좋아하는 책들을 눈에 잘 보일 수 있도록 배치하고 아이와 어느 칸에 어떤 책을 꽂을지를 상의한다. 마트에 맥주와 기저귀를 함께 진열하였더니 맥주 판매율이 급증한 마케팅 사례가 있듯이 나는 우리 아이가 보았으면 하는 책과 아이가 좋아하는 장르의 책을 적절히 섞어서 배열했다. 그리고 은연중에 재미있는 책과 좀 덜 재밌어 보이지만 도전해 볼 만한 책을 골고루 읽기를 원한다고 메시지를 전한다. 국어책만 본다면 영어책도 함께 보는 것은 어떤지 제안해 보는 것이다.

매번 느끼는 것이지만 책의 배열과 위치를 바꾸는 날, 아이의 독서량이 폭증한다. 엄마가 낑낑대며 책을 이리저리 옮길 때 옆에서 도와주다가 궁금한 책, 오랜만에 보는 책, 봤던 것 같은데 기억이 안 나는 책, 추억이 담긴 책들과 새롭게 재회하듯 만남의 시간을 갖는다. 갑자기 조용해져 있으면 어김없이 어딘가에 앉아 책을 보고 있다. 책을 꽂아 두고 있는 시간, 책을 빼서 보는 시간 같은 책과 관련된 모든 행위가 다 독서라는 이동진 작가의 말처럼 책장의 위치 및 책의 배열을 다시 하는 것도 독서를 좋아하게 만드는 중요한 행동이다.

아이를 잘 관찰하다 보면 특정 책장 앞에서 오래 머물러 있거나, 손이 잘 닿아 유독 좋아하는 칸이 있다. 부모는 그곳이 어디인지 파악하고 그 책장 칸을 집중 공략해야 한다. 마치 편의점에 가면 유독 눈에 잘 띄는 선반에 유혹적인 상품들이 진열된 것처럼 말이다. 아이들도 무의식적으로 자주 가는 책장과 그 책장 중 선호하는 특정 칸에서 습관처럼 책을 꺼내어 보는 행동을 보인다. 물론 이 공간과 위치는 수시로 변할 수 있으니 아이가 어느 책장의 몇 번째 칸 앞에서 어슬렁대는지를 수시로 파악해야 한다. 아이가 선호하는 책장과 책장의 칸은 아이의 동선에서 유독 빛나는 공간이고 마음이 투영된 공간이기도 하다. 그곳을 전략적으로 잘 활용해야 한다. 소소하지만 좀 더 구체적인 방법을 소개하자면 예를 들어 6단짜리 책장이 있다고 가정했을 때, 가장 위 칸 2개 정도는 아이들 손이 닿지 않는다. 그래서 그곳엔 어른 책이나 나중에 아이들이 읽을 책들로 진열을 한다. 나름 사심 가득한 공간이기도 하다. 책등만 봐도 교육이 된다는 말처럼 우리 집에는 『노인과 바다』, 『데미안』, 『걸리버 여행기』 같은 책들이 바로 이곳에 있는데, 은연중에 이러한 책 제목을 만나게 되면, "엄마 책장에 이 책이 있었잖아요?"라는 말을 들을 수 있다.

우리 아이들을 관찰해 보니 아이가 섰을 때 눈높이보다 살짝 위에 있는 3번째 칸을 좋아하고 정중앙보다는 양쪽 끝의 칸을 좋아한다. 아이의 전집은 보통 알록달록한 편이라 이왕이면 색상을 통일했다. 아이가 좋아하는 책을 눈에 잘 띄는 위치에 놓았고, 상대적으로 삼국유사 전집을 좋아하지 않아 가장 좋아하는 전집 바로 옆에 꽂았다. 즐겨 읽는 책을 다섯 권 정도 읽을 때, 삼국유사 한 권쯤이라도 읽었으면 하는 바람으로 그렇게 배열했다. 그리고 만화책은 가장 눈에 안 띄는 바닥 처음 칸에 놓았다. 눈에 잘 띄지 않을 뿐만 아니라 만화책을 보려면 일부러 허리를 구부려서 꺼내야 하는 불편함을 감수해야 한다. 물론 이렇게 머리를 굴려 만화

책을 시야에서 멀리했음에도 아이가 만화책이 꽂혀 있는 코너 앞에 앉아 한참 머무는 것을 보면 위치를 어디로 하든 만화책이 주는 매력을 당해 낼 수가 없는 듯 하다.

나이가 더 어릴 땐 거실 책장 중 구석지고 좁은 코너 공간을 선호했고 동시에 엄마와 가까이 있기를 원해서 일부러 식탁 옆에 책장을 놓아 엄마가 요리할 때 가까이서 책을 보며 놀기도 했다. 요즘은 식탁에서는 식사만 하자는 규칙을 정해 식탁 옆에 작은 커피 테이블을 놓아 그곳에서 책 읽기 및 그리기, 퍼즐 놀이 등 다양하게 한다. 어릴 때일수록 엄마와의 물리적 거리가 짧은 것이 아이에게 안정감을 준다. 하지만 엄마는 부엌에 있는 시간이 절대적으로 필요할 수밖에 없기 때문에 부엌과 식탁 근처에 작은 책장을 놓는 것을 추천한다. 그 공간에 엄마가 추천하는 책들과 아이가 즐겨 보는 책들, 학습 놀이할 수 있는 물품을 비치한다. 그리고 책장의 책들은 자주 순환해 주는 것이 좋다.

🎯 제2의 책장, 무빙 카트 활용법

책장이 항상 정제되어 있어야 하는 것은 아니다. 그때그때 기분에 따라 무빙 카트 책장에 새로운 콘셉트의 책장이 존재할 수 있다. 우리 집은 첫째 아이와 둘째 아이의 무빙 카트가 비슷하면서도 다르다.

첫째 아이는 공부 교재와 스케줄 표, 체크 리스트를 첫째 칸에 둔다. 둘째 칸에는 국어사전과 영영사전, 그리고 지금 읽고 있는 책과 도서관에서 빌린 책을 분리하는 용도로 사용한다. 도서관에서 빌린 책은 소장하고 있는 책과 뒤섞이지 않도록 해야 도서관 반납일이 다가왔을 때 행방불명된 책을 찾느라 고생하는 것을 예방할 수 있다.

둘째 아이 역시 자신만의 무빙 카트가 존재한다. 아이가 돌아다니면서 책을 읽는 편이라 온 집안 바닥이 책으로 깔릴 때가 종종 있다. 서점이나 도서관에 온 것 같은 기분이 들게 무빙 카트를 준비해서 읽고 싶은 책은 첫째 칸에 담게 지도했다. 다 읽은 책은 중간 칸에 담도록 했고 도서관에서 빌린 책이나 특별히 좋아하는 수첩이나 인형, 색연필, 향이 좋은 포푸리를 맨 아래 칸에 넣게 했다. 그러면 책이 여기저기 돌아다니지 않고 원래 자리로 둘 때도 유용하게 활용된다. 미리 골랐던 책인데 하루가 끝날 때까지 다 읽지 못하면 잠자리 독서 시간을 위해 카트를 끌고 침실로 갈 수도 있다.

우리 집에서 사용하고 있는 무빙 카트는 이케아 로스로그(큰 사이즈)

우리 집 첫째 아이 무빙 카트   우리 집 둘째 아이 무빙 카트

와 로스홀트(작은 사이즈) 제품이다. 3단으로 구성되어 있고 바퀴가 거의 벤츠급 품질이다. 참고로 나는 책과 책에 관련된 소품이 담긴 북 카트, 영상 촬영 시 필요한 소품 카트, 그리고 미술 용품만 담은 카트가 있다. 책장의 위치, 책 배열을 바꾸는 행위, 그리고 무빙 카트를 통해 책의 순환을 활발하게 하고 책 위에 쌓인 먼지도 걷어 낸다. 그 과정에서 아이와 함께 소중한 대화를 나누며 책의 매력에 빠질 수 있는 환경을 만든다.

🎯 책이 책을 부르는 순간 놓치지 않기

책을 읽다 보면 '책이 책을 부른다'는 말을 실감하게 된다. 우리 아이가 『랜드 오브 스토리The Land of Stories』라는 책을 읽은 적이 있다. 이 책은 쌍둥이인 알렉스와 코너가 우연히 마법의 책 안에 빠져 들어가 마법 세계에서 원래 세계로 돌아오려고 애쓰는 과정에서 벌어지는 해프닝이 담긴 판타지 소설이다. 이 책에서는 다른 많은 책들을 소개하는데 아이가 그것을 보고 그 책들도 모두 읽어 보고 싶다고 했다.

이 책은 우리가 흔히 알고 있는 동화 속 캐릭터를 각색하고 저자의 상상력으로 상황이 전개되어 아이들이 읽기에 정말 좋다. 이 책에 등장하는 캐릭터와 해당 문학책을 언급하자면 『신데렐라』, 『백설 공주』, 『잭과 콩나무』, 『빨간 모자』, 『피터 팬』, 『오즈의 마법사』, 『나니아 연대기』, 『골디락스』, 『엘프』, 『트롤』, 『라푼젤』 그리고 이 밖에도 매우 많다. 어린이 문학책의 등장인물이 총 출동한다. 기존에 알고 있던 캐릭터에 저자의 상상력이 더해져 묘사되고, 유머러스하고 때론 진지한 매력적인 이야기로 재탄생한 것이다. 책을 읽던 중 만약 등장하는 캐릭터가 생소하면 이야기 흐름을 제대로 따라갈 수 없기에 그 인물이 누구인지 너무 궁금해 저절로 찾아보게 된다. 책 속에서 알렉스와 코너의 할머니가 머더구스를 타고 다니는데, 원작 머더구스의 이야기가 뭔지 몰랐던 아이는 해당 책을 찾아보았다. 이미 알고 있는 캐릭터들의 이야기가 어떻게 전개되는지를 매우 흥미로워 했고 본인이 그 책을 이미 읽었기 때문에 숨은 유머들을 이해하는 과정을 즐겼다. 생소한 캐릭터의 등장하면 그 캐릭터가 궁금해져 연계 도서로 찾아보게 했던 책이 바로 『랜드 오브 스토리』이다. 디즈니 만화에서 등장하며 소개된 이야기와 원작 소설의 다른 점, 그리고 『랜드 오브 스토리』의 저자 크리스 콜퍼^{Chris Colfer}가 어떻게 이야기를 각색하여 소개하는지 등을 비교하며 알아가는 것도 소소한 재미를 느끼게 해 준다. 두꺼운 책임에도 불구하고 몰입도가 높고 책에 등장하는 다른 책들도 읽어 보고 싶다는 마음이 저절로 든다. 보통 책을 읽다 보면 책 안에서 다른 책에 대한 이야기를 언급할 때가 있다. 이럴 때 저자가 소개한 다른 책이 무엇인지 궁금해진다. 『랜드 오브 스토리』와 같은 책을 아이에게 보여 주면 시키지 않아도 아이가 읽고 싶은 책의 리스트는 늘어날 것이다.

판타지 소설인 『Clockwork Angel (The Infernal Devices #1)(번역서 없음)』에 등장하는 주인공 월이 어떻게 자신의 인생이 책으로 인해 바뀌고, 어려움을 극복할 수 있었는지에 대해 설명하는 부분이 나온다. 힘든 일이 있을 때마다 도서관에서 자신의 숨 쉴 공간을 찾는다고 고백할 때, 덩달아 나도 그렇게 하고 싶다는 생각이 들었다. 어쩌면 이 책의 저자가 실제 본인의 인생에서 그랬을지도 모른다는 상상을 해본다. 로맨스가 한창 진행 중인 주인공 월과 테스가 자신들의 마음 표현을 찰스 디킨스^{Charles Dickens}의 『두 도시 이야기^{A Tale of Two Cities}』에 빗대어서 하는 대목이 자주 나온다. 그 당시 『두 도시 이야기』를 실제 읽어 본 적이 없기에 저자가 왜 이토록 이 책에 대해 언급을 하는지 너무 궁금했다. 결국 이 책을 찾아 읽게 되었고, 저자 찰스 디킨스가 집필한 다른 책인 『크리스마스 캐럴^A Christmas Carol』을 찾아 읽어 보게 되었다. 이러한 경험을 통해 책이 꼬리에 꼬리를 물고, 읽고 싶은 책은 점점 많아진다. 많은 책에 등장하는 주인공은 책을 좋아한다. 청소년을 대상으로 집필된 책은 더욱 그런 경향이 강하다. 멋진 매력을 발산하는 주인공이 책을 사랑하고 심지어 대화 중 책을 응용하며 대화하는 장면을 보면 괜히 따라 하고 싶은 마음이 든다. 책뿐 아니라 영화도 그런 것 같다.

『미녀와 야수^Beauty and the Beast』에서 미녀 벨은 책을 좋아하는 책벌레 bookworm로 나오고, 야수는 자신의 마음을 표현하기 위해 거의 도서관 수준급으로 만들어진 서재를 공개하며 책을 좋아하는 벨의 환심을 사려는 장면이 나온다. 한때 야수가 소장한 서재를 갖는 것이 꿈인 적도 있었다. 『이상한 나라의 앨리스^Alice's Adventures in Wonderland』에서 앨리스는 언덕 위에서 책을 읽는 언니 곁에 앉아 있다가 조끼를 입은 토끼가 시계를 들여다보며 늦었다고 허둥대는 모습을 보고 '호기심에 불타' 그 토끼를 쫓아가는 장면으로 시작한다.

프란치스카 비어만^Franziska Biermann이 집필한 『책 먹는 여우^The Fox Who Ate Books』는 책을 너무 좋아하는 여우 아저씨가 벌이는 소동을 통해 독서의 의미와 방법을 알려 주는데 그 방법이 너무 엉뚱하고 재치있다. 책을 너무 좋아한 나머지 책을 다 읽고 난 후, 소금과 후추를 뿌려 맛있게 먹는 여우 아저씨라니! 책을 좋아하는 여우 아저씨를 보면 독서에 대한 친근한 마음이 생긴다. 이처럼 소설 속 등장인물이나 위인전을 통해 책을 사랑하는 인물을 심심치 않게 만날 수 있다. 점점 훌륭한 멘토를 찾기 어려운 요즘인데 책 안에서라도 만날 기회를 만들길 바란다.

나는 다독가로 유명한 빌 게이츠^{Bill Gates}가 읽는 책을 따라 읽는 편이다. 그의 삶이 완벽했다고 생각하지 않지만, 추구하는 방향과 세상 그리고 열정을 높게 평가한다. 그는 자신의 블로그 게이츠노트^{gatesnote}를 통해 지금 읽고 있는 책, 추천하는 책 목록을 공개하고 있다. 빌 게이츠가 읽은 책을 따라 읽고 그의 서평을 읽으면, 그의 생각을 알 수 있게 된다. 종종 그의 의견과 나의 생각이 충돌할 때가 있는데, 나는 그때 책 읽는 활동 자체에 더 매력이 느껴진다. 세상을 바라보는 다양한 관점이 있다는 것을 알게 되는 건 너무 재미있는 일이다. 독서모임을 하거나 다독가나 서평을 작성하는 작가들을 가까이 하면 책은 우리의 삶 가까이 존재하고 참여하게 된다.

◎ 부모도 함께하기

아이한테는 '책 읽어라', '공부해라' 강요하면서 부모는 정작 책과 담을 쌓고 지낸다면 아이는 부모의 말을 듣지 않을 가능성이 매우 높다. 부모가 앞장 서 책 읽는 분위기를 조성하고 몸소 실천하는 모습을 보여 주어야 한다. 나는 아이가 책을 좋아했으면 하는 바람으로 다양한 육아 서적을 많이 읽었다. 많은 육아 서적에 공통적인 메시지가 있었는데, 그것은 '부모가 먼저 몸소 실천해 보여 줘라'였다. 물론 아이마다 기질이 달라 무조건 따르는 건 아니겠지만 부모가 책 읽는 모습을 보여 주고 책에 관심을 가지고 자주 대화를 하다 보면 자연스럽게 책을 가까이 하는 아이가 된다고 한다. 난 바로 실천에 옮겼고 책을 읽고 서평을 작성하는 것을 취미로 만들었다. 그런데 우리 아이는 여전히 책에 별로 관심이 없는 듯 보였고, 약이 오른 나는 육아 서적을 집필한 저자를 원망하기도 했다. 그러나 시간을 돌이켜보니 그 저자들의 말이 옳았다. 우리 아이들 역시 특별한 잔소리 없이 점차 자연스럽게 책을 보더니 책 읽는 습관을 갖게 되었다. 그래서 나 역시 그 육아 서적을 집필한 선배 작가의 말을 되풀이할 수밖에 없다. 아이가 책을 보고 좋아하길 바라는가? 그럼 부모가 아이에게 책을 읽으라고 말하는 대신 본인이 책을 즐기는 모습을 보여 주라고 말이다. 처음에는 책을 별로 좋아하지 않던 부모라도 어느 순간 운명과도 같은 책을 만날 것이고 어느새 아이의 책 육아를 몸소 실천하고 있는 자신을 발견하게 될 것이다.

집에서 다같이 독서를 많이 하다 보면 자연스럽게 가정 문화가 독서 중심으로 잡힌다. 앞서 아이가 책을 좋아하게 하려고 책장을 꾸미고 무빙 카트를 사용했다는 경험담을 언급했다. 그게 아이에게만 적용되는 것은 아니다. 나도 무빙 카트가 있고 내 서재에 책이 즐비하게 꽂혀 있다. 아이들도 내가 책을 좋아하고 많이 읽으니까 따라서 책을 많이 읽으려고 노력하는 모습이 보인다. 언젠가 한번 첫째 아이가 자신의 희망 사항은 어른이 되서 자기도 엄마, 아빠가 읽었던 책들을 모두 따라 읽는 것이라고 말했다. 이제 막 6살이 된 딸도 한글을 얼른 배워서 엄마가 보는 책을 보고 싶다며 신나서 말한다. 나중에 성장하면 다 너희에게 책을 물려주겠다고 말하면서 세상을 다 얻은 듯 진심으로 뿌듯해한 적이 있다.

다른 많은 독서 전문가들이 말하듯 나의 살아있는 경험을 통해 나 역시 부모가 몸소 실천하라는 말에 동의한다. 독서만 하는 것이 아니라 바르게 사는 모습을 보여 주면 아이들도 건강한 정신과 바른 태도로 성장할 수 있을 것이다. 만약 잠시 한눈을 팔고 안 좋은 길로 빠지더라도 금세 정직한 길로 돌아올 수 있는 회복력이 생길 것이고, 누구보다 좋은 아이로 성장할 것이다. 오늘 식사를 하며 우리가 읽은 책을 아이에게 이야기를 들려주거나, 아이가 읽은 책 이야기에 귀담아 들어 주는 것은 어떨까? 이런 날이 하루하루 쌓이면 어느 언어든 상관없이 비슷한 행동과 태도를 보일 것이다.

처음 영어 읽기를 하는 아이들에게

책을 좀 더 쉽게 읽을 수 있게 하기 위해 파닉스 규칙을 가르친다.

그런데 파닉스를 배울 때

책 읽기를 병행한 아이와 그렇지 않은 아이는 확연히 차이가 난다.

3장

무엇을 시작할 것인가?

01

파닉스를 해도
원서 읽기가 안 되는 이유

🎯 파닉스를 준비할 때 고려할 점

아이들이 처음 접하는 단어의 70% 정도는 파닉스 규칙을 따른다. 그래서 처음 영어 읽기를 하는 아이들에게 책을 좀 더 쉽게 읽을 수 있게 하기 위해 파닉스 규칙을 가르친다. 그런데 파닉스를 배울 때 책 읽기를 병행한 아이와 그렇지 않은 아이는 확연히 차이가 난다. 파닉스 규칙을 배우는 데만 열중한 아이들은 다음 단계로 올라가지 못하는 경우가 종종 있다. 만약 아이가 파닉스를 배웠음에도 불구하고 문장 읽기와 책 읽는 단계로 올라가지 못하고 계속 어려움을 겪는다면, 파닉스 교육을 진행했던 수업 내용과 방식을 다시 점검해야 한다.

아이가 한글을 배울 때를 생각해 보자. 한글을 문자로서 알려 주기 전에 한글로 된 책을 먼저 읽어 준다. 아이는 책을 읽지는 못하지만 보면서 문자에 관심을 갖게 된다. 영어도 마찬가지이다. 파닉스를 가르치기 전에 수많은 책을 통해 영어 알파벳을 자연스럽게 노출하고 아이 스스로 읽고 싶다는 생각이 들 수 있도록 유도하는 것이 우선이다. 파닉스 규칙을 아는 것도 중요하지만 독서를 하면서 문자를 자연스럽게 접하게 하는 것이 더 중요하다. 즉, 독서와 파닉스는 별개가 아니라 동시에 진행되는 것이다.

파닉스 규칙을 같이 배우기 시작해도 빠르게 다음 단계로 넘어가는 아이들이 있다. 이 아이들은 분명 독서가 뒷받침되어 있을 것이다. 그동안 영어책 읽기로 영어 환경에 지속적으로 노출이 된 아이들은 파닉스 규칙을 배우면서 배운 내용을 바로 응용해 글을 읽게 되는 것이다. 절대 파닉스 규칙을 배우는 것 자체가 목표가 되어서는 안 된다. 진짜 영어책을 빨리, 잘 읽을 수 있길 바란다면 평소에 그림책을 많이 읽어 주고 음원을 자주 활용하며 듣도록 하자. 아이의 영어 습득 속도는 엄청나게 빨라져 있을 것이다.

🎯 책 읽기 진도가 안 나갈 때 점검할 점

1. 파닉스 이해도 체크

아이가 파닉스를 마쳤음에도 여전히 단어를 말하거나 책 읽기를 힘들어 한다면 다음과 같은 단계로 아이의 파닉스 이해도를 확인할 수 있다.

파닉스 1단계 알파벳 쓰기, 음가 읽기	알파벳 A~Z까지 대소문자로 써 보기 알파벳의 이름을 알고, 음가를 제대로 발음하는지 확인한다.
파닉스 2단계 3글자 합치기	3글자로 된 알파벳 써 보기 (ex. cap, pin) 단어를 만들 때 문자 가운데에 모음(a, e, i, o, u)을 넣는지 본다. 만약 'pdn' 이런 식으로 자음만 3개를 나열하면 아직 2단계를 이해 못한 것이다. 스스로 쓰기를 꺼려하면 엄마가 대신 써 줘도 된다. 대신 명확하게 읽는지 확인이 필요하다.
파닉스 3단계 4글자 합치기, magic e 개념 파악 [QR코드] 파닉스 추천 영상	4글자로 된 알파벳 써 보기 (ex. cape, pine) 아이가 2단계 3글자 끝에 'e'를 넣는지 확인한다. 만약 파닉스의 3, 4, 5단계를 혼합해서 배웠다면 아무 단어를 만들고 제대로 읽는지를 파악해야 한다. 예를 들어 'boat'도 4글자가 들어갔지만 이중모음은 보통 파닉스 5단계에서 알려주기 때문이다. *magic e 개념은 pin[핀]이란 단어 뒤에 'e'가 오면 모음 i가 자신의 알파벳 이름 소리를 내며, pine[파인]으로 읽는다. i의 알파벳 이름이 [아이]이기 때문이다.
파닉스 4단계 5글자 합치기, 이중자음(앞에 자음이 두개)으로 된 단어 읽기	이중자음 단어를 쓰고 읽기 (ex. brake, clone, flute) 끊어 읽기(br/ake, cl/one 등)가 되는지 확인한 후, 끊어 읽기 없이도 단어를 통으로 잘 읽는지 확인한다.

파닉스 5단계 이중모음(모음이 두 개 이상)으로 된 단 어 읽기	이중모음 단어 만들어서 읽기 (ex. bird, coat, frown) 5단계에서는 제시한 단어 읽기를 어려워하더라도 적극적으로 영 어책 읽기를 장려한다.

파닉스 4단계(이중자음)를 마치면 책 읽기 연습을 적극적으로 시작하길 추천한다. 그러면 책 내용에서 5단계(이중모음) 단어들이 자연스럽게 노출되어 눈에 익게된다. 이렇게 다독을 통해 충분히 단어들과 익숙해진 후 5단계 공부를 하기를 장려한다. 파닉스 5단계까지 습득하고 독서를 하면 '영어 파닉스 규칙에는 예외가 많구나?'를 느끼게 되는데 그것이 더 좋은 교육이다. 그러면서 점점 단어가 어떻게 형성되고 있는지, 어원과 어근에 관심을 갖고 접두사, 접미사 등을 배우는 단계로 발전하게 된다.

파닉스를 체화하는 데 시간이 걸릴 수 있다. 만약 기존에 배웠던 단어를 빠른 속도로 읽지 못한다면 다시 시작하면 된다. 절대적인 학습량이 중요하기도 하다. 한 번 본 단어보다 두 번, 세 번 본 단어가 더 친숙하고 눈에도 더 잘 들어온다. 그 단어를 변형시켜 읽어보게 유도해 보자. 예를 들어, 파닉스 2단계인 'cat'을 읽을 수 있다면, 'bat', 'hat', 'pat', 'mat', 'rat'을 읽을 수 있어야 다음으로 넘어간다. 그리고 파닉스 3단계 'magic e' 개념을 배워 'bate' 읽기를 배웠다면 자동으로 'hate', 'pate', 'mate', 'rate'를 읽을 줄 아는지를 보면 된다. 그리고 읽는 규칙을 잊어버리기 전에 책을 통해서 익숙하게 만들면 된다. 최고의 방법은 낭독이다. 내가 읽는 것을 들으며 규칙을 확실하게 내 것으로 만드는 것이다. 잊기 전에 상기시켜주는 방식으로 파닉스 교육을 하면 된다.

이중 자음				
bl	black	blanket	blimp	blue
cl	clam	clap	clip	clock
fl	flag	flame	flower	flute
br	brake	bread	brave	bring
cr	cry	cream	crab	cross
fr	fry	frame	frog	free
dr	dry	dream	draw	drop
pr	proud	prize	process	present
tr	try	train	treat	trip
sm	smart	small	smile	smell
sn	snow	snug	snail	snap
st	street	stock	steam	stay
sw	sword	swan	sweet	swing
ng, nk	bang	fang	king	song
sh, ch	shape	ship	cheese	choose
th, wh	thick	thumb	white	wheel

이중 모음				
ee	bee	feet	green	tree
ea	leaf	meat	sea	eat
ai	mail	nail	rail	tail
ai	rain	train	pain	gain
ay	day	pay	hay	play
oi	boil	coil	coin	point
oy	boy	joy	toy	soy
ow	brown	clown	crown	snow
ou	blouse	cloud	count	house
oo(short)	book	foot	look	wood
oo(long)	food	goose	pool	zoo
ir	bird	girl	shirt	skirt
er	letter	singer	soccer	teacher
ur	nurse	purple	purse	turtle
ar	arm	car	park	star
or	corn	fork	horse	store

2. 파닉스 커리큘럼 짜는 방법

파닉스 교육을 진행할 때 추천하는 커리큘럼은 총 공부 시간을 45분으로 계획할 때 그림책 읽기 20분, 파닉스 규칙 설명 5분, 읽기 15분, 쓰기 5분으로 할당하는 것이 가장 이상적이다.

공부 영역	수업 배분 시간(분)
그림책 읽기	20
파닉스 규칙 설명	5
읽기	15
쓰기	5

그림책 읽기 시간에는 책을 엄마가 읽어 줄 수도 있고, 함께 음원을 들을 수도 있다. 아이와 함께 번갈아 가면서 읽는 것도 좋다. 이 시간의 목표는 아이가 영어를 줄줄 잘 읽게 만드는 것이 아니라, 아이가 계속 읽고 싶은 마음이 들 수 있도록 유도하는 것이다. 파닉스 교육이 결국 규칙을 알려주는 것이지만 정보를 전달하는 수업보다는 함께 참여하고 같이 알아가는 방식으로 진행하는 것이 이상적이다.

수업 시간 배분 비율에서 나타나듯, 쓰기는 가장 나중에 해도 늦지 않다. 우선 영어를 친숙하게 한 후, 체화하는 것이 우선이다. 공부를 하다 보면 명확하게 시간을 정해서 진행하긴 어렵다. 뭐든 절대적인 것도 없고 유일한 방법이 있는 것도 아니다. 대략적으로 엄마의 마음에 세워둔 시간과 계획이 있지만 이건 언제든 아이의 컨디션과 상황에 따라 유연하게 변경할 수 있다. 목표를 달성하지 못했다는 것에 불안해할 필요는 없다. 애당초 이 계획과 목표는 엄마의 것이었지 아이의 것이 아니었다는 것을 잊지 말자. 우리는 아이가 스스로 배울 수 있을 때까지 도움을 주는 조력자 역할을 하는 것이지, 모든 학문을 가르치는 사람이 아니다. 아이가 스스로 배워나갈 수 있도록, 도움을 주면 된다. 그러니 '무엇을 가르치는 것보다 어떻게 알려주는지'가 더 중요하다. 아이의 흥미를 지속적으로 끌어내는 것이 목표여야 한다.

3. 파닉스 이후 문장 읽기로 넘어갈 때 해야 하는 훈련

파닉스를 배웠는데도 아이가 문장을 못 읽는다면 교육 내용에서 그림책 읽기가 빠져있지는 않은지 생각해보자. 다음은 어떤 식으로 그림책을 활용하여 파닉스를 알려줘야 하는지 간략하게 소개해본다. 예를 들어 알파벳의 고유 이름과 음가를 알려주고 3글자를 합치는 단계 중 모음 'a'를 배운다고 가정하자. 단어 구성은 자음과 자음 사이에 모음 'a'를 넣는다. 'cat', 'mat', 'hat', 'pat' 등이 해당하는 단어이다. 그리고 그림책이나 리더스북을 함께 본다. 예를 들어, 'There was a cat on the mat.' 문장이 있다. 엄마는 문장을 읽어줄 때, 파닉스 규칙에 적용되는 단어를 중간에 아이가 읽을 수 있게 하는 것이다. 물론 엄마가 먼저 문장을 읽어 주고 아이에게 따라 읽기를 시킬 수도 있지만, 엄마가 읽는 소리를 외워서 따라 말할 수 있기 때문에 아이가 스스로 읽기를 장려하는 것이 좋다.

밑줄 친 부분은 아이가 읽고, 나머지 부분은 엄마가 읽는다.

1차	There was a <u>cat</u> on the <u>mat</u>.
2차	There was <u>a cat</u> on the <u>mat</u>.
3차	There <u>was</u> a cat <u>on</u> the mat.
4차	<u>There was a cat</u> on the <u>mat</u>.
5차	<u>There was a cat on the mat</u>.

위의 문장은 아이가 파닉스 2단계 수업을 잘 마쳤다면 쉽게 읽고 넘어갈 수 있는 수준이다. 'There', 'was', 'a', 'on', 'the'는 모두 사이트 워드이고, 아이는 'a, e, i, o, u' 중 'a'가 'ㅐ'소리가 나고 3글자를 합치는 방법을 배우며 문장 읽기 역시 완벽하게 흡수할 수 있다. 다른 예로, 아이가 모 윌리엄스^{Mo Willems}의 『피존^{Pigeon}』시리즈를 읽으려 한다면, 파닉스 2~3단계만 배운 아이들은 읽을 수 있는 단어가 많지 않다. 하지만 못 읽는 건 아니다. 책 대부분을 엄마가 읽어 주되 파닉스 규칙에 적용되는 단어들만 아이가 읽을 수 있도록 장려한다. 이러한 방식으로 읽을 수 있는 문장의 개수가 늘어나면 아이는 점점 스스로 책 읽기에 자신감을 갖게 된다. 대부분의 아이들은 기본적으로 엄마에게 잘하는 모습을 보여 주고 싶은 마음이 크기 때문에 아이가 시도했을 때, 잘하든 못하든 격려와 칭찬을 해주는 것이 좋다. 사소한 행동이 아이를 바꾼다는 말이 있다. 이때 엄마가 어떤 반응을 했느냐에 따라 아이의 영어에 대한 호감도가 결정될 수 있다. 책은 책을 부른다. 아이 역시 좋아하는 그림책의 수가 늘어날수

록 스스로 읽어보고 싶은 마음이 커진다.

만약 아이가 파닉스 교육을 거부하거나 힘들어하면 거기서 멈추고 그냥 책을 읽어 나가면 된다. 강압적으로 시키는 것보다 여러 번 자주 들려주는 것이 더 건강한 교육이다. 이 부분을 놓치고 교육하는 분이 있는데 이게 정말 중요하다. "지금 못해도 괜찮아, 계속 노력하면 언젠간 알게 될 거야," 격려해 주고 스스로 깨달을 때까지 기다려 주어야 한다. 그 깨달음을 얻는 순간이 바로 성공을 맛보는 순간이고, 그 순간들이 모여 배움의 참맛을 느낄 수 있게 된다. 이건 그 누구도 대신해 줄 수 없다. 이런 학습 과정이 매일 된다면, 파닉스 규칙 습득이나 책 읽기를 좋아하는 아이로 성장하는 것은 어려운 일이 아닐 수도 있다. 무난히 책 읽기 단계로 올라가고 싶다면 어떤 방식으로 파닉스와 독서를 노출했는지에 대해 점검하는 것이 필요하다. 만약 '우리 아이는 파닉스 규칙은 배웠는데 왜 책을 아직 못 읽을까?'란 생각이 든다면 독서의 비중을 어느 정도로 두었는지, 읽기 연습은 얼마나 했는지를 점검하자. 누가 더 빨리 진도를 나갔다더라는 중요하지 않다. 과정이 중요하고 그 과정에서 아이가 무엇을 느꼈는지가 더 중요하다.

아이의 읽기 수준을
알고 싶다면?

🎯 우리 아이의 읽기 수준을 확인하는 방법

영어를 모국어로 배우는 아이들은 리딩 레벨을 어떻게 파악하고, 책을 선정하는 지에 대해 살펴보자. 많은 기사나 사례를 보면 다음과 같은 방법들을 추천한다. 모든 평가 방식이 그러하겠지만, 정확한 지표를 준다기 보다는 대략적으로 어느 수준인지 감을 잡는 지표로 활용하는 것이 바람직하다. 다음은 우리 아이의 읽기 수준을 확인하는 5가지 방법이다.

1. 다섯 손가락 규칙

아주 쉽고 간편한 방법이다. 아이에게 영어책을 주고 책의 아무 곳이나 펼치게 한다. 그리고 주먹을 쥔 채로 그 페이지를 읽어 보게 한다. 아이는 모르는 단어가 있거나 발음하기 어려운 단어를 나올 때마다 손가락을 하나씩 편다. 한 페이지 읽기가 끝났을 때 펼쳐진 손가락이 하나도 없거나 1개일 때, 그 책은 아이에게 쉬운 책이다. 만약 4~5개라면 그 책은 혼자서 읽기 어려운 책이다. 2~3정도 모를 때, 그 책의 수준이 아이에게 적당하다고 생각하면 된다.

My name is Nate the Great. I am a <u>detective</u>. I work alone. Let me tell you about my last case: I had just eaten breakfast. It was a good breakfast.

_『네이트 더 그레이트 Nate the Great』

챕터북 읽기를 시작하는 아이가 만약 『네이트 더 그레이트』를 읽는다면 '탐정detective'이란 단어를 처음 접할 것이다. 『네이트 더 그레이트』의 시리즈 중에 10권만 읽어도 'detective'란 단어를 따로 암기할 필요 없이 저절로 알게 된다. '탐정detective'처럼 유독 어려운 단어를 제외하고 나머지 단어들을 살펴볼 때, 손가락이 4~5개가 올라가 있다면 이 책은 아이 혼자 읽기 어렵다고 간주하고 부모의 도움 아래 읽거나, 더 쉬운 책을 찾아주어야 한다.

2. 이해도 평가

아이에게 책의 한두 쪽을 읽고 나서 내용을 설명해 달라고 한다. 유연하게 설명하면 이해를 한 것이고 그렇지 않으면 수준에 안 맞는 책이다. 다음 문장을 살펴보자.

Jack looked out the window. He looked down at the picture in the book. He looked back out the window. The world outside and the world in the picture-they were exactly the same. The Pteranodon was soaring through the sky. The ground was covered with ferns and tall grass. There was a windling stream. A sloping hill. And volcanoes in the distance. "Wh-where are we?"stammered Jack.

_『마법의 시간 여행 Magic Tree House #1 Dinosaurs Before Dark』

잭과 애니가 있었던 나무집이 빙글빙글 돌고 난 후, 3장의 시작부이다. 잭이 공룡이 등장하는 책 안의 세상과 동일한 곳에 있어 어리둥절해 하는 모습이 묘사된다. 이 내용을 읽고, "무슨 일이 벌어졌을까?", "잭과 애니가 지금 어디에 있어?"라고 물어봤을 때, 아이가 책 안의 세상으로 들어와 모험을 시작할 것이라 답을 한다면, 책의 내용을 제대로 이해하고 있다고 파악하면 된다. 이때 책에 등장하는 단어들을 모두 다 알지 못하더라도 문맥에서 감을 잡을 수 있다. 예를 들어 stammer^{말을 더듬다}가 무슨 뜻인지 정확히는 모르더라도 잭의 말투에서 "Wh-where are we?"

라고 말하는 것을 읽으면, 방금 나무집이 흔들렸고 지금 자신이 어디에 있는지 어리둥절한 상태로 처음 한 말이기 때문에 아이들은 대충 감으로 말을 더듬거리는 잭을 상상할 것이다. 이때, 또랑또랑하고 자신 있게 말하는 잭이라고 유추하는 아이가 있다면, 책의 흐름을 이해하지 못하고 있다고 여길 수 있다. 하지만 단어 하나하나의 뜻을 파악하는 것보다 책이야기 흐름을 전반적으로 파악하는 것에 더 중점을 두어 확인하는 것이 중요하다. 『마법의 시간여행』에서 주인공들이 어리둥절한 상황에 얼마나 많이 놓이겠는가. 'Stammer'란 단어는 수도 없이 자주 등장할 수밖에 없다. 책의 수준을 파악할 때 모르는 단어 개수가 아니라, 이야기 흐름을 어느 정도 따라가는지, 이해도 관련 질문을 자주 하는 것이 좋다.

3. 렉사일 지수 검사

렉사일 지수Lexile Measure는 미국 학교에서 학생의 읽기 능력을 측정하기 위해 많이 사용되는 시험이다. 책에 대해서는 단어 사용의 빈도, 난이도와 문장 길이를 측정하여 책에 렉사일 지수를 부여하고, 학생에게는 읽기 능력 시험을 보고 읽기 수준을 가늠하는 척도이다.

미국의 유명 출판사인 스콜라스틱스Scholastic 홈페이지에서는 '읽기 능력을 측정하기 위해 특별히 만들어진 것으로 점수 개념이 아니라 이 지표를 통해 학생들의 읽기 성취 능력을 향상시키기 위한 것'이라고 하였다. 만약 렉사일 지수가 700L 이라면 700L대 렉사일 지수의 영어책을 75%까지 이해할 수 있다는 뜻이다.

4. AR 지수 검사

AR 지수 검사^{AR Test}는 영어책을 읽은 후 해당 책의 이해도를 알아 보기 위해 퀴즈를 보는 것이다. 보통 5~20문항의 객관식 질문이다. 국내 서점에서 영어책 정보를 소개할 때 렉사일 지수와 AR지수를 함께 표기하는 경우가 많다. 예를 들어 AR이 3.5인 경우 미국 3학년 5개월 수준에 해당한다는 뜻이다. 렉사일 지수와 AR지수가 항상 비슷하게 표기되는 않는다. 렉사일 지수는 높은데 AR이 낮거나 반대의 경우도 허다하다. 이는 정서적인 점을 고려해서 다르게 측정된 것이므로 두 지수를 동시에 고려해서 선택하는 것이 좋다. 미국 아마존에서는 렉사일 지수와 연령과 학년 표기만 되어 있다.

5. 레벨링고

AI 시스템을 도입하여 영어 실력을 평가해 주는 기관이 생기는 추세이다. 레벨링고는 대형 어학원에서 보는 시험을 가정에서도 볼 수 있도록 서비스를 제공한다. 어느 시험이나 다 그러하겠지만, 이 서비스 역시 정확한 점수를 제공하기를 기대하기보단 대략적으로 감을 잡을 수 있는 데에 도움을 받는다는 인식으로 접근하길 권한다. 어쩌면 부모의 불안한 마음을 상대적으로 저렴한 가격으로 해소해 주는 단비 같은 서비스일지도 모른다. 엄마표 영어를 진행하면, '우리 아이가 잘하고 있는 것일까, 실력이 향상되고 있는 것일까?'란 막연함에서 오는 불안감이 생길 수 있다. 그렇다고 학원 쇼핑을 다니며 레벨 테스트를 받는 것도 부담스럽다.

많은 학원에서 도입되어 활용되는 레벨 테스트를 이제는 일반 가정에서
도 만나볼 수 있다. 결과를 통해 책 추천이나 아이의 실력이 골고루 향상
되고 있는지에 대해 안내를 받을 수 있다. 명심해야 할 것은 시험을 보기
위해 영어 공부를 하는 것이 아니라 책 추천을 받기 위해 시험을 보는 것
이라는 분명한 인식이 있어야 아이와 부모의 멘탈 관리를 위해 좋다.

레벨링고 서비스 회사

🎯 아이의 문해력 향상을 위해 도와주어야 할 것

아이가 영어책을 읽는데 제대로 이해를 못하면 어휘력이 부족해서 그런가 싶어 단어장이나 교재를 사서 단어를 암기시킬 수 있다. 물론 어휘력 향상에 교재가 도움이 되기는 하지만 단어를 많이 외운다고 해서 영어책을 잘 읽는 것은 아니다. 아이가 문자를 읽을 수는 있어도 그 문장이 부여하는 의미를 해독하는 능력이 떨어지기 때문에 책을 읽어도 제대로 이해를 못하는 것이다. 이로 인해 아이는 점차 책과 멀어지게 된다. 즉, 이해가 안 가기 때문에 재미가 없는 것이다. 아이의 문해력 향상을 위한 5가지 개선 방안을 제안한다.

1. 책을 읽는 중간에 잠시 멈추고 아이와 책에 대한 대화를 한다

부모가 직접 읽어 줄 수도 있고 음원을 함께 들으면서 활동해도 된다. 책을 읽다 잠시 멈추고 지금 읽었던 내용, 들었던 내용에 대해 생각할 시간을 주는 것이다. 앞전에 이해도 검사를 할 때 할 수 있는 질문을 아이와 책을 읽으면서 계속하는 것을 가장 추천한다.

2. 아이와 엄마가 번갈아 가면서 책을 읽는다

이 방법 역시 첫 번째 방법처럼 책 중간에 멈추어 내용에 관해 대화하는 것을 추천한다. 아이와 책 이야기를 나누면 아이가 머릿속으로 상상하고 묘사하는 과정에서 언어 실력이 향상된다. 물론 이야기뿐 아니라 단어들에 대해서도 설명해주고, 아이가 추측한 단어 뜻을 유추하며 대화를 나누는 시간 모두 시너지를 준다. 'Stammer'란 단어를 몰랐다 하더라도, 엄마가 말을 더듬으며 당황하는 모습을 연출한다면 아이는 금세 이 단어를 자신의 어휘 창고에 차곡차곡 쌓을 것이다.

3. 음원을 적극적으로 활용한다

청독을 하면 아이가 이야기를 듣고 눈으로 문장을 읽기 때문에 이해도가 향상된다. 더 나아가 스스로 읽을 수 없는 어려운 단어나 문장을 만나더라도 좀 더 자신의 수준보다 높은 이해력이 요구되는 문장에 노출이 되어 실제 스스로 책을 읽을 때 해독하는 능력이 발전한다. 이러한 방식으로 어휘력이 폭발적으로 향상된다. 이것은 우리 가정에서 가장 많이 활용하고 있는 독서 방법이다. 음원을 최대한 구해서 청독을 하며 독서를 진행하면 아이의 말투와 발음도 점점 원어민처럼 변하는 것을 목격하게 될 것이다. 어린이에서 청소년 소설로 점차 넘어갈 아이들이 실제 영어 환경에 놓인 것이 아니라 또래 친구들을 만나 어울릴 수 없더라도, 청독을 하며 실제 발음과 억양, 뉘앙스를 듣고 읽으며 흉내 내게 되고 답습하게 된다. 이것은 청독만이 줄 수 있는 엄청난 학습이다. 실제 현지 부모님, 학교 선생님들은 아이들의 독서 실력 향상을 위해 오디오북 사용을 적극적으로 권장한다. 오디오북 시장이 폭발적으로 성장하는 것도 그 이유이다.

4. 문장 구조가 단순한 책을 낭독한다

여전히 잘못 읽는 단어가 있고, 읽기를 주저하며 단어 읽기를 소화하는 데 5초 이상이 걸린다면, 부모가 그 단어를 읽어 주고 아이가 따라 말할 수 있게 지도한다. 그리고 다시 아이가 스스로 처음부터 낭독하며 읽을 수 있도록 지도한다. 이 방법을 3~4번 정도 반복한다.

5. Digital Text-To-Speech(TTS) 사용을 권장한다

TTS는 읽기를 어려워하는 아이들에게 매우 도움이 되고 쉽게 활용할 수 있어 좋다. 컴퓨터, 스마트폰, 태블릿 어디서든 TTS를 사용할 수 있다. 어떤 문장이든 읽어 주는 기능이며 많은 TTS 기능 중 하이라이트를 해 주며 읽어 주기 때문에 아이들이 실제 읽어 주는 단어를 동시에 듣고 볼 수 있어 좋다.

엄마표 영어의 가장 큰 오해는

부모가 영어를 정말 잘해야만 하고,

엄마가 무언가를 가르쳐야 한다고 생각한다는 점이다.

우리는 선생님이 아니라 함께 배움의 길을 걸어가는 동반자이다.

4장

어떻게
보여 줄 것인가?

정독 vs. 다독

🎯 티칭과 코칭의 차이

엄마표 영어의 가장 큰 오해는 부모가 영어를 정말 잘해야만 하고, 엄마가 무언가를 가르쳐야 한다고 생각한다는 점이다. 우리는 선생님이 아니라 함께 배움의 길을 걸어가는 동반자이다. 아이가 초등학교 1학년이 되면 엄마도 그때 초등학교 1학년생이 된다는 말이 있다. 우리는 인생의 선배는 될 수 있지만 전문적인 선생님은 결코 될 수 없다. 우리는 같이 새롭게 배우는 마음으로 아이의 교육을 담당한다. 영어도 마찬가지이다. 우리가 기존에 배웠던 영어 학습 방식은 잊고 새롭게 알파벳부터 배우는 태도를 취해야 한다. 사실 대부분 엄마들은 '파닉스'라는 말을 엄마가 되어서 처음 들었을 것이다. 나 역시 마찬가지이다. 나 역시 파닉스를 배운 세대가 아니고 또래 미국인 친구들도 그렇다고 한다.

세대가 바뀌었는데 아직도 아이에게 본인의 중고등학교시절 때 했던 영어 공부 방식을 강요하면 사이가 매우 소원해질 수 있다. 어린 시절 영어 공부를 너무 좋아하고 재밌어서 자발적으로 학습했던 부모일지라도 지금 영어를 처음 접하는 아이는 중고등학생이 아니라 유치부 또는 초등학생이다. 그런데 우리의 중고등학교 시절을 회상하면서 교육하려 하니 문제가 생길 수밖에 없다. 어차피 공부는 아이가 하는 것이지 내가 대신해 줄 수 있는 것이 아니다. 나는 엄마의 영어 실력이 아이의 영어 실력을 결정한다고 생각하지 않는다. 부모가 배운 것이 조금은 도움이 될 수 있겠지만 이것이 절대적이지 않다. 그 이유를 아래 가정을 통해 소개한다. 이것이 독자분들의 교육 방법을 되돌아보는 계기가 되길 바란다.

아이가 'beach'가 무슨 뜻이냐고 물어봤다고 가정하자. 티칭을 하는 엄마들은 대부분 '해변'이라는 답을 줄 것이다. 아이에게 하나라도 더 알려주어야 한다는 생각이 지배했을 것이다. 그럼 아이는 'beach'가 '해변'이라는 새로운 단어를 알게 되었을 테니 엄마는 자신이 영어를 잘 가르쳐주었다고 생각할 것이다. 즉, 답을 바로 알려주는 방식으로 지도한다.

코칭을 하는 엄마들의 교육 방식은 답을 바로 알려주는 것이 아니다. 어떻게 그 답을 찾을 수 있는지 '방법'을 알려주는 것이다. beach가 등장하는 그림이나 사진을 함께 찾아 보여주고 아이가 오히려 "해변!"이라고 말하게끔 유도를 한다거나 종이 사전을 찾아보는 모습을 보여주며 모르는 단어를 만났을 때 사전을 찾아보는 것이라는 가이드를 준다. 그러며 나중에 beach에 함께 놀러 가보자는 대화를 나눌 수도 있다. 추가적으로 파닉스를 배운 아이라면 "방금 '이~'라고 긴소리가 났는데 철자가 'ea'가 있는지 'ee'가 있는지 다시 한 번 꼼꼼히 보자."란 이야기도 해줄 수 있다. 그러면서 아이가 "저는 'ee'가 아니라 'ea'를 사용했어요!"란 답을 하게 유도한다. 티칭은 해답을 알려주는 것이고, 코칭은 아이가 해답을 찾아갈 수 있도록 방법을 알려주고 스스로 답을 찾을 수 있도록 기다려주는 것이다. 진정한 공부는 빨리가 아니고 천천히 꼼꼼하게 그리고 깊게 하는 것이라는 것을 부모가 알려주어야 한다.

위의 사례에서 티칭을 한 엄마는 아이가 도움을 청했을 때 바로 답을 알려 주었다. 아이가 생각을 하며 유추하는 능력을 향상할 수 있는 경험, 스스로 찾아보며 깨달았을 때 느낄 수 있는 성취감과 성공을 맛볼 기회를 박탈한 셈이다. 그냥 단순히 '해변'이라는 것만 알려줌으로써 궁극적으로 배워야 하는 공부의 태도, 더 나아가 공부의 본질을 경험할 기회를 주지 않은 것이다.

지금의 사례는 고작 단어 뜻 하나 알려 준 것이기 때문에 큰 영향이 없을지도 모르겠지만, 쉽게 답을 주는 지도 방식으로는 스스로 알아내는 힘, 끝까지 생각하는 끈기와 근성은 키울 수 없다. 심지어 나쁜 공부 습관이 형성되게끔 지도하고 있는 것일지 모른다. 우리가 알려줘야 하는 것은 영어 단어 뜻이 아니라 스스로 알아내고 개척해 나가는 힘을 키우는 방법이다. 물론 절대로 단어 뜻을 알려 주지 말라는 것이 아니다. 그저 우리가 진정 무엇을 신경 쓰며 엄마표 교육을 지도해야 할지 점검을 했으면 하는 바람으로 다소 억지스럽고 극단적인 가정을 내세운 것이다. '하나를 부르면 열을 짚는다'는 속담이 있다. 이는 한마디 말을 듣고도 여러 가지 사실을 미루어 알아낼 정도로 매우 총기가 있다는 말이다. 영어 단어 하나 배울 때에도 꼬리에 꼬리를 무는 학습 방법을 연습해야 사고하는 능력이 깊어질 것이다. 이는 누군가가 주입식으로 또는 쉽게 알려 주는 것만으로는 키울 수 없는 능력이다.

엄마표 영어 지도에서 아이표 영어 학습으로 전환할 수 있도록 지도하고 싶다면 부모가 뚜렷한 교육 철학을 갖고 실천해야 한다. 우리가 진짜 도와주어야 할 것은 공부를 대하는 태도, 배움에 임하는 자세이다. 우리가 어떤 태도로 지도하느냐에 따라 아이의 학습 태도가 달라질 것이다. 아이에게 단어 하나의 뜻을 쉽게 가르쳐서 하나의 단어를 가르쳐줄 것인지, 모르는 단어가 등장했을 때 스스로 찾는 방법을 알려 주어 앞으로 등장하게 될 수만 개의 단어를 스스로 알아가게 지도할 것인지는 엄마표 영어 교육을 어떻게 하느냐에 달렸다. 후자의 방법을 지도하면, 아이가 성장할수록 자기 주도 학습이 실천 가능해진다. 하지만 전자로 가르쳐 주면 항상 남이 가르쳐 주어야만 배울 수 있는 아이로 성장할 가능성이 높다. 아직 많은 것을 모르더라도 언젠가는 스스로 알아낼 수 있다는 성공 경험을 통해 긍정적인 마인드가 생길 것이고 알아가는 재미를 느낄지도 모른다. 이는 차후 삶을 대하는 태도에도 분명 녹여질 것이라 믿는다.

언어를 배운다는 것은 지식을 양적으로 늘리는 것만이 목표가 아니다. 정독이든 다독이든 간에 다채로운 책을 만남으로써 어느새 영어를 언어 습득, 학습이 아니라 간접 경험을 통해 내 인생을 어떻게 살 것인가에 대해 성찰하는 것이다. 이때 영어는 그저 소통의 도구일 뿐이다. 단기적인 학습 목표는 영어를 구사하는 것이지만 장기적으로는 우리의 삶을 풍족하게 해주고 인생을 대하는 자세를 배우는 것이다. 이런 교육 철학을 기반으로 학습 계획을 세운다면 조바심도 남과의 비교도 덜 할 수 있지 않을까 싶다. 남과 비교하지 말고 어제 또는 일 년 전의 자신과 비교하고, 공부의 목표 또한 아이가 세우는 것이 훨씬 더 달성할 가능성이 크다. 영어공부를 하는 이유를 좋은 학교에 합격하기 위해, 높은 시험 점수를 받기 위해서 라는 목표보다는 세상에 의로운 사람이 되겠다는 사명감과 인생 목표를 안겨주는 것이 아이도 부모도 더 의미 있지 않을까 싶다.

◎ 성공적인 영어책 읽기 방법

영어책을 읽는 방법은 다양하다. 다음은 일반적으로 교육기관에서 활용하는 독서 방법의 용어이다.

독서 방법의 용어

- **정독** Intensive Reading: 책을 꼼꼼하게 읽고 독후 활동하기
- **다독** Extensive Reading: 다양한 책을 많이 읽기
- **청독** Immersion Reading: 엄마가 읽어 주거나 오디오북을 들으며 책을 눈으로 따라 읽기
- **낭독** Reading Aloud: 입 밖으로 소리 내며 읽기
- **묵독** Inner Reading Voice: 소리를 내지 않고 속으로 읽기
- **쉐도잉** Shadowing: 다른 이가 읽어 주는 글을 듣고 흉내 내듯 따라 읽기
  (문장을 따라 말하기 연습할 때 활용하는 연습 방식이지 독서 방법은 아님)

영어를 모국어처럼 습득할 수 있는 학습 방법은 바로 청독이다. 듣기와 읽기를 결합한 청독, 그리고 다독과 정독을 통해 진정한 독서의 내공을 쌓고 문해력과 사고력을 확장할 수 있다. 쉐도잉과 낭독을 비교하자면 쉐도잉은 말 그대로 한 문장 한 문장 들음과 동시에 곧바로 따라 말하는 연습을 하는 것이고, 낭독은 스스로 문장을 소리 내 읽는 것이다. 쉐도잉은 영화나 뉴스, 책을 읽어 주는 음원을 통해 연습할 수 있다. 아이

가 어릴 땐 세이펜(책을 펜으로 찍으면 읽어 주는 기능)을 활용해서 Oxford Reading Tree[ORT]로 종종 쉐도잉을 했다. 쉐도잉은 어려운 단어를 따라 읽거나 문장의 억양을 흉내 내는 연습을 할 때 사용하는 방법이다. 낭독은 책을 정독할 때 커리큘럼에 넣는 것이 좋다. 책을 읽을 때 머리로 생각하는 것과 실제 입 밖으로 말을 해보는 것은 느낌이 사뭇 다르다. 하지만 결국, 우리가 가장 많이 하게 되는 독서 방법은 묵독일 것이다. 모든 책을 낭독하기엔 시간도 에너지도 부족하기 때문이다. 하지만 아이가 묵독을 하기엔 아직 언어가 완전히 내 것이 아니므로 이 또한 어려울 수 있다.

그렇다면 위 표에서 언급한 6가지 방법 중 어떤 방식으로 책을 읽는 것이 가장 좋을까? 답을 하자면 모두 골고루 활용해 책을 읽는 것이 가장 좋다. 하지만 그중 우선순위를 정할 수는 있다. 영어를 가장 빨리 배우고 다양한 책을 접할 수 있는 최고의 방법은 바로 책을 읽으면서 동시에 듣는 방식인 청독이다. 많은 학교에서 권장하는 방식이기도 하다. 하지만 우리의 기억력을 향상시키는 방법으로는 낭독이 좋다고 한다. 캐나다 워털루 대학의 콜린 맥레오드[Colin MacLeod] 교수는 큰 소리로 읽는 것이 기억력에 미치는 영향을 연구해 왔는데 그와 그의 연구팀은 사람들이 단어와 글을 소리 내 읽으면 조용히 읽는 것보다 더 잘 기억한다는 것을 보여 주었다. 눈으로만 보는 것보다 듣기와 말하기 등을 통해 다감각을 자극하는 것이 최선이다.

하지만 현실적으로 모든 책을 낭독하는 것은 어려우니 청독과 낭독, 묵독을 골고루 섞어서 학습하는 것이 최선책이다. 정독은 한 책을 깊이 있게 분석하고 학습적으로 접근하는 방식으로 책을 읽는 것이고, 다독은 다양한 책을 흥미 위주로 읽는 것이다. 굳이 정독과 다독을 나누는 이유는 책을 읽을 때 목적과 목표를 구분 지어 책을 읽고 난 후 추가로 어떤 활동을 할지 준비하기 위함일 뿐 결국 독서하는 행위나 방법은 비슷하다. 결론은 재미난 책을 언급한 모든 방법으로 마음껏 읽을 수 있도록 하는 것이 답이다. 그리고 책 대화를 나누는 것이다. 대화할 때 영어로 하든 국어로 하든 이 또한 크게 중요하지 않다. 결국, 어느 정도의 독서가 영어로 인풋이 되면 점점 자연스럽게 아웃풋도 영어로 나오기 마련이다. 오히려 스트레스 받으며 문제 풀이나 시험을 통해 문제 몇 개 더 맞았나 틀렸나를 논할 시간에 책이나 기사 하나를 더 읽고 이에 대해 대화를 나누는 것이 장기적으로 더 도움이 될 것이다. 다독과 정독의 비율을 어느 정도로 가지고 가는 것이 좋냐고 물어본다면 나는 자신 있게 9:1 라고 답한다. 정독을 하고 학습 활동을 하며 내용을 확실히 파악해 다음 진도를 나가야만 실력 향상에 도움이 될 수 있다고 생각할 수 있지만, 전혀 그렇지 않다. 현실적으로 아이가 접하는 모든 책을 정독으로 읽기는 불가능하기도 하거니와 그렇게 되면 다양한 책들을 통한 배경지식 쌓기가 어려워 오히려 실력 향상에 안 좋은 영향을 끼칠 것이다.

이건 마치 국어 교과서만 깊게 파고들며 공부하면 국어를 잘하게 된다는 주장이나 다름없다. 국어 교과서뿐 아니라 다양한 장르의 책들을 읽고 학습 활동을 해야 실력이 올라간다. 독서를 통해 이해, 추론, 비판적 사고 능력을 키우고 다양한 배경지식을 쌓아야 한다. 그렇다고 다독만

해서는 국어를 잘하게 될 수 없다. 글쓰기, 강의, 시험 문제 풀기 등등 학습과 연습을 해야 실력이 쌓인다. 이처럼 어떤 언어를 배울 때도 기본 중의 기본은 어느 한쪽에 치우치지 말고 정독과 다독을 함께 진행하는 것이다.

🎯 정독과 다독의 차이

영어를 제대로 배우는 데에 정독이 필요하지만, 정작 뒷심을 발휘하는 것은 다독이다. 나는 청독을 중요하게 여기며 다독과 정독을 하도록 아이들을 지도하고 있다. 정독과 다독을 굳이 구분하는 이유는 내가 준비해 주고 함께 챙겨 주어야 하는 책과 아닌 책으로 분리하기 위함이다. 책을 읽을 때 정독용 책이냐, 다독용 책이냐를 어떻게 분류하는지에 따라 독서할 때 마음가짐은 달라진다. 가볍게 시간 때우기로 읽는 책과 배움을 목적으로 읽는 책은 독서의 행위는 비슷하지만 접근 방식이 달라진다. 정독이든 다독이든 간에 다채로운 책을 만남으로써 영어를 자연스럽게 습득하게 될 뿐만 아니라 간접 경험을 통해 내 인생을 어떻게 살 것인가에 대한 성찰도 하게 된다.

정독으로 읽을 책은 아이와 함께 선택하는 것이 좋다. 글을 읽고 토론을 하거나 어휘력 향상을 위해 단어를 익히는 과정은 정독에 해당한다. 함께 활동할 수 있는 정독 코칭 방법은 '독서의 깊이를 넣기 위한 독후 활동 – 정독'에서 자세히 소개한다. 때때로 다독으로 읽었던 책을 다시 정독할 때 쉐도잉이나 낭독을 함께 진행기도 한다.

어떤 활동을 하고 싶은지에 대한 커리큘럼 역시 아이와 상의해서 결정한다. 이 과정을 통해 책은 그냥 문자를 읽는 행위가 아니라 그 안에 깊은 뜻을 파악하고 추론하는 연습을 하는 것이란 것을 알려준다. 그럼 다독용 도서는 누가 어떻게 선택하는가? 당연히 아이가 고른다. 어떤 책인지도 모르는데 어떻게 아이가 고를 수 있겠는가? 라고 반문할 수 있지만 책 표지, 책에 대한 리뷰, 현지 선생님들의 추천, 좋아하던 장르나 저자를 기준으로 고를 수 있게 충분히 대화한다. 아이와 읽을 책을 결정한 후, 도서관에서 책을 대여했는데 책의 상태가 너무 안 좋아 아이의 책에 대한 관심이 사라졌던 적이 있다. 그래서 구매를 해줄 때도 있다. 물론 시행착오도 겪는다. 이건 자신의 취향을 알아가는 기회비용으로 생각하고 실망하지 않으려 노력한다. 나에게 맞는 책을 고를 때까지, 그 인생 책을 만나기 전까지 부모가 인내심을 보이면 아이는 책을 부담스럽게 느끼지 않을 뿐더러 부모의 관심과 배려를 느끼게 될지도 모른다. 나는 책을 구매하는 것은 가성비 높은 교육을 받는 것이란 생각으로 투자를 하는 편이다. 학업을 위해 학원비를 지출하는 대신 차라리 도서 구매를 한다.

아이가 충분히 스스로 책을 고르고 자신의 취향을 알아가는 중인데 아이와 상의 없이 독단적으로 부모가 책을 구매하는 경우를 종종 본다. 나 역시 우리 아이와 함께 봤던 추천 도서 목록과 우리 아이가 그동안 읽은 책, 앞으로 아이와 읽었으면 하는 책 목록을 이 책에 담았다. 어떤 책이 유명하고 좋은 피드백이 있으며 왜 독자들에게 사랑받는지에 대한 정보 수집은 물론 필요하다. 하지만 아이가 주도권을 잡고 책을 선택할 기회를 주어야 한다. 이런 좋은 추억과 경험으로 책과 친해졌을 때 다른 이의 추천 도서도 유연하게 받아들일 것이다. 독서는 의무가 아니라 권리라는 것을 알려주자. 명심할 것은 남들이 좋다고 하는 책을 우리 아이도 좋아해야 하는 것은 아니다. 예를 들어 전 세계적으로 사랑받는 『해리 포터Harry Potter』를 우리 아이도 꼭 좋아해야 하는 것은 아니다. 그리고 좋아하지 않는다고 이상할 것도 없다. 우리 아이 역시 『해리 포터』가 워낙 인기 있다고 해서 호기심을 갖고 읽기 시작했다. 하지만 우리 아이는 책을 읽는 내내 너무 무서워했고, 6권을 읽던 중 도저히 무서워서 못 읽겠다고 선언을 했다. 시리즈 완독을 포기하는 모습을 보고 사실 적잖게 당황했지만, 의사를 존중해 주었다. 실제 이러한 사례는 책 리뷰를 보면 쉽게 찾아볼 수 있다. 최근 집필되는 독서 관련 책을 보면, 해리 포터 신드롬을 너무 맹신하지 말라는 조언을 하는 저자들이 눈에 띄게 많아졌다. 어떤 이에게 해리 포터는 인생 책일 수 있지만, 누군가에겐 그저 무섭거나 허무맹랑한 시시한 책일 수 있다. 그러니 정보를 수집하는 시간보다 더 많이 투자해야 하는 것은 아이와의 대화이다.

모든 책을 교과서 읽듯 정독해서 읽는다면 재미도 덜 할 뿐 아니라 물리적 시간 부족으로 다양하고 재미있는 책을 만나지 못할 것이다. 하지만 정독을 통해 책을 논리적, 비판적 사고를 하며 읽는 것은 어떻게 하는 것인지 어떤 방식으로 읽는 것이 좋은지를 익힌다면, 차후 다양하게 만나는 책들을 읽을 때도 무의식중에 적용할 것이다. 그러면서 문해력, 독해력, 그리고 독서력이 모두 향상되는 독서를 하게 된다.

다독은 말 그대로 다양한 장르의 책을 읽는 것이다. 정독할 때나 다독할 때나 책을 읽을 때 청독을 통해 접할 것을 추천한다. 다독으로 이어주는 지름길이며 독서의 벽을 허물 수 있는 장치이기도 하다. 청독과 다독을 통해 독서 습관을 제대로 키우면 점차 음원 없이도 책을 잘 읽을 수 있는 궤도에 오를 것이다.

⊙ 영어 말하기가 되기까지

나는 중학교 2학년 때부터 유학 생활을 하면서 영어를 배우기 시작했다. 처음 미국에 갔을 때 'Hello, what's up?'이란 말도 몰랐는데 어떻게 4년 반 만에 대학교 입학 통지서를 받았을까를 생각해 보면 결국 독서 덕분이었던 것 같다. 학교 공부는 전혀 따라갈 수 없었고, 학원이 존재하지도 않았다. 중학교 선생님께서 그림책부터 읽기를 권해 주셨고, 함께 사는 친구가 독서광이라 학교가 끝난 후 어김없이 친구와 함께 도서관에 갔다. 그리고 거의 도서관에서 살았다. 한동안 그림책을 보다가 친구가 자신이 초등학생 때 읽었던 챕터북을 추천해 주었고 그 책을 순차적으로 읽었다. 무슨 뜻인지 모르지만 무작정 읽었다. 질의응답, 문제집 이런 것도 하나도 없었다. 어차피 난 중학교 2학년이지만 영어 수준은 초등학교

2학년 수준도 안 되었으니 렉사일 지수나 레벨 테스트가 무슨 의미가 있었겠는가? 그때는 그런 게 존재하는지도 몰랐다. 동일한 작가, 비슷한 장르를 닥치는 대로 읽었다. 도서관에 놓인 책장 한 칸을 한 달 안에 다 읽어 보자는 마음으로 시작했던 것 같다. 한 칸이 두 칸이 되고 세 칸이 되니 이제 제법 눈에 익은 작가들도 보였다. 그 작가들의 책을 시리즈로 읽다 보니 자주 등장하는 단어가 보였고, 어떤 상황에서 어떤 단어가 등장하는지 패턴이 눈에 들어왔다. 그러며 실제 발음을 해보고, 사용해 보려 노력했고, 잊지 않으려 단어장에 문장을 만들며 기억하려 노력했다. 아는 것이 있어야 말을 할 수 있으니 이러한 과정을 걸쳐 영어를 습득했다. 개인적으로 내가 조금이라도 말을 할 수 있게 되기까지 대략 일 년 반은 걸린 것 같다. 그때도 갑자기 방언 터지듯 말을 할 수 있었던 것이 아니라 조금씩 혼자 연습하고 친구들과 선생님께 말하기를 시도하며 조금씩 자신감을 쌓아갔다. 말하기, 읽기, 쓰기와 같은 아웃풋을 원한다면 충분한 듣기와 읽기란 인풋이 절대적으로 필요하다. 그래서 나는 아이에게 쉬운 그림책부터 무작정 읽어 주기 시작했다. 물론 영어보단 항상 국어가 우선이었고, 국어책을 읽으면서 영어책도 함께 읽어 주려 노력했다.

첫째는 만 6세에 파닉스를 상대적으로 일찍 이해하고 읽었지만 챕터북 읽기는 만 9세쯤 상대적으로 늦게 시작했다. 우리는 『네이트 더 그레이트Nate the Great』로 시작했는데, 이 책은 우리에게 상징적인 의미가 큰 책이다. 이 책이 가장 훌륭해서라기보다는 우리가 처음 완독하고 성취감을 맛봤던 책이라 각별하다. 『네이트 더 그레이트』는 만 7~9세가 권장 나이며 렉사일 지수는 340L 정도이다. 모두가 다 그런 것은 아니지만 일반적으로 영어 유치원에 다니거나 영어 학원에 다니는 초등학교 1학년, 만 7세 아이들은 충분히 읽을 수 있는 수준이라고 들었다. 파닉스를 일찍 습득했고 그림책을 그렇게 많이 보여 주었는데도 아이가 상대적으로 챕터북 읽기를 늦게 시작해서 나 역시 걱정되기 시작했다. 물론 그때 둘째 출산과 독박 육아로 첫째를 신경을 많이 못 써주었지만, 이렇게 다독을 해왔음에도 불구하고 왜 영어 실력이 껑충 성장하지 않는지 고민했다. 심지어 만 7세, 예비 초등학생 때 Oxford Read and Discover[ORD] 시리즈를 학업적으로 진행 시작했기 때문에 더욱 고민이 쌓여 갔다. '혹시 우리 아이에게 무슨 문제라도 있나?'싶을 때도 있었다. '결국, 학원에 다녔어야 했나? 나의 지도 방법이 잘못된 것은 아닐까? 엄마는 아이를 지도할 수 없는 것인가? 결국, 강압적인 인풋이 필요했나? 너무 놀기 위주로 학습을 해서 제대로 발전이 안 되었나?'하며 정말 많은 고민을 하였다. 엄마가 영어를 할 줄 안다고 하더라도 실제 사용을 하지 않으면 아무 상관이 없다는 생각에 나의 일관성 없는 가정 교육에 반성도 많이 했다. 독서를 아예 싫어하는 아이는 아니었지만, 독서보다 레고나 종이접기를 더 좋아했고 밖에서 뛰어놀기를 더 많이 하던 활동적인 아이였다.

아이가 초등학교 2학년에서 3학년으로 올라가는 시기에 조급증이 찾아왔다. 사실 많이 속상하고 답답했다. 하지만 그때도 걱정은 되었지만 아이 앞에선 느긋한 척, 태연한 척 표현하지 않으려 노력했다. '언어에 재능이 없는 것일 수도 있다, 인풋이 덜 돼서 그런 것일 수도 있다, 국어 실력이 아직 높지 않아서 그런 것일 수도 있다'며 인내했던 것 같다. 돌이켜 생각해 봤을 때 내가 정말 잘한 것은 아이를 믿고 기다려 주기와 믿는다는 마음의 표출을 지속적으로 했다는 점이다. "언젠간 잘하게 될 거야."란 말을 일부러 더 해주었다. 그러며 아이 앞에서 책을 읽는 모습을 더 자주 보여 주었고 책을 읽고 서평을 작성하며 내가 읽고 있는 책에 대해 다양한 이야기를 들려주었다. 물론 주로 재미있는 책에 관해 이야기했고, 때론 너무 재미가 없어 끝까지 못 읽었다는 솔직한 피드백도 주었다. 책을 읽고 남긴 서평도 종종 보여 주곤 했다. 그래서인지 아이는 책을 읽고 독후감을 작성하는 것을 당연하게 받아들였고, 자신이 쓴 글을 나에게 낭독을 해 주기도 했다.

　나의 경험담을 공유하는 이유는 가정에서 영어를 노출하는 데도 잘하지 못하는 것 같다는 불안감으로 인해 쉽게 포기하고 학원 문을 두드리는 것에 대해 한 번 더 재고하길 바라기 때문이다. 그리고 언어의 본질, 학습의 본질을 잊지 마시길 당부 드리고 싶다. 학원이 나쁘다는 것이 아니다. 아이가 느끼기에 자칫 아이를 못 믿어서 학원에 보내는 것이라는 오해가 생길 수도 있다. 뚜렷한 목표가 있거나 특별히 도움이 필요한 영어 영역이 있을 때 학원이든 개인 과외든 고려해야지, 확고한 목표도 없이, 친구들이 다 학원을 가니까, 혹시 뒤쳐질까봐 염려가 되어 학원에 가는 것은 가성비도 떨어질뿐더러 다신 돌아오지 않을 초등학교 시절의 소중한 시간을 학원 책가방을 들고 다니며 허비하는 것은 아닌지 신중히 고민하고 선택해야 한다. 이때 중요한 것은 학원을 가든 가지 않든 가정에서 엄마표 교육은 계속 진행되어야만 한다.

집에서 간단하게 매일 영어를 노출하고 말하는 연습을 할 수 있는 방법을 소개한다. 특히 영어로 말문이 안 떨어진다면 이 방법을 꼭 활용해 보길 추천한다. 구글 네스트라는 구글 어시스턴스 블루투스 스피커가 있다. 언어 설정을 영어로 해서 궁금한 정보나 음악 재생을 한다. 구글을 활성화하는 명령어는 'OK Google' 또는 'Hey, Google'이다. 하루에도 몇 번씩, 아니 몇 십 번씩 구글 네스트에 명령어를 말했더니, 시키지 않아도 둘째 딸이 'OK, Google!'이라고 자기도 명령어를 말하려 한다. 가정에서 어떤 언어가 노출되었는가에 따라 모국어도 영어도 다른 나라 언어도 배울 수 있다. 둘째 아이에겐 'OK Google'이라고 부르는 말이 영어이든 한국어든 중요하지 않다. 자연스럽게 언어를 노출하면 영어든 한국어든 큰 부담 없이 따라 할 수 있게 된다. 말이 되든 안 되든 상관없다. 실패를 거듭하며 이를 통해 배운다. 말은 이렇게 시작하는 것이다.

영어 말하기가 되기까지 시간이 얼마나 걸릴지는 아무도 알 수 없다. 아이마다 속도가 다르고 동일한 인풋이 들어가도 효과나 발전하는 시점이 다르다. 아이의 성향과 성격도 많이 좌우될 것이다. 어떤 아이는 7살에 말문이 틔었을 수 있고, 또 다른 아이는 초등학교 5학년에 트일 수도 있다. 하지만 여기서 분명한 것은 독서와 흥미 중심으로 꾸준히 지속한다면 언젠가는 효과가 나타난다는 점이다. 충분히 많이 들어봐야 말을 흉내도 낼 수 있다. 충분한 노출, 그리고 자기 생각을 입 밖으로 말하는 연습을 꾸준히 한다면 영어 말하기를 잘하게 되는 것은 시간 문제이다.

⊙ 다독은 선택이 아니라 필수

기존에는 전문적인 지식을 아는 것이 중요했고 특정 분야만 잘하면 성공할 수 있었다. 하지만 미래에는 특정 한 분야만 잘하는 인재보단 융합형 인재를 요구한다. 무관해 보이는 영역을 연결할 줄 아는 창의성이 필요하고, 유창한 영어뿐 아니라 영어란 언어를 통해 사람의 마음을 하나로 모으는 능력을 갖춘 인재가 필요하다. 이 모든 과정 중 자기 자신을 파악하고 이해하는 능력이 가장 필요하다. 우리는 우리의 역량을 개발하기 위해 해박한 지식을 한데 어우르는 능력을 향상시켜야 한다. 그럼 우리는 시간을 생산적으로 사용하기 위해 문제 풀이식 공부를 해야 할까, 아니면 다양한 경험을 기반으로한 독서를 해야 할까? 공부를 해야 할까, 아니면 다양한 경험을 할 수 있는 독서를 해야 할까? 미국의 언어학자이자 철학자인 노암 촘스키Noam Chomsky는 언어는 인간의 고유한 특성이고 누구나 어떤 언어든지 모국어처럼 습득할 수 있다고 주장했다. 그렇지 않고서야 아이들이 어떻게 모국어의 음운 체계나 문법을 이토록 빨리 습득할 수 있겠냐며 언어 능력에 대해, 언어 현상을 포괄할 수 있는 이론을 세우는 데 주력했다. 복잡한 이론의 깊은 뜻을 다 이해한 건 아니지만 나역시 아이들이 모국어를 배우는 과정을 목격하면서 아이들의 배움의 속도에 깜짝 놀랄 때가 있었다.

하루는 샤워하고 나서 이제 막 만 3세가 된 아이가 '김이 모락모락'난다며 상황을 묘사한 적이 있다. 어떻게 어린아이가 이런 말을 표현할 수 있었을까? 심지어 '김이 모락모락'이라는 어휘는 내가 평상시에 사용하는 것이 아니었다. 분명 그림책에서 봤을 법한 문장이었다. 영어 교육은 문화교육의 일환이다. 영어를 원어민처럼 구사하려 노력하는 것이 아니라 타 문화를 이해하고 새로운 것을 습득하는 과정을 경험하는 것에 중점을 두어야 한다. 유초등 영어 교육은 과거 우리 부모 세대처럼 영어 단어와 문법을 달달 외우고, 깜지 노트를 만드는 것이 아니라 유연하게 접근해야 한다. 그 방법은 결국 독서이다. 독서의 중요성을 언급했더니 책한 권을 마스터할 때까지 무한 반복으로 읽게 하는 부모가 있다. 완벽하게 이해하고 넘어가야 한다는 것에 중점을 두어 단어도 문장도 아예 통으로 암기를 시킨다. 그리고 아주 많이 뿌듯해한다. 물론 나이가 들어 좋은 문장을 필사하고 암기하는 것이 차후 좋은 글쓰기, 말하기로 이어질 수 있다. 하지만 지금 어린이들에게 정말 필요한 것은 아이가 흥미를 느낄 수 있는 다양한 장르의 책을 선보이고 신기하고 재미난 경험의 기회를 주는 것이다.

현재 가장 큰 문제는 아이가 스스로 경이감을 느끼도록 놔두기보다 과도한 외부 자극을 주면서 아이들이 지닌 내적 동기 유발 능력을 없애버리는 것이다. 현명한 부모는 아이의 자발성을 키워주는 노력을 한다. 영어 교육을 시작해야겠다고 마음 먹은 부모가 저지를 수 있는 실수 중하나는 어쩌면 과잉노출일지도 모른다. 아이에게는 자신만의 속도가 있다. 아이들이 가진 본능적인 내면의 시계는 어른들과 다르다. 어른들은 시간이 없어서 또는 정신적으로 여력이 없어서 아이들의 속도를 인내해 주지 않을 때가 많다. 우리는 의도와는 다르게 "빨리빨리"라는 말을 달고 산다. 정말 고쳐야 하는 점이다. 이 모든 것이 우리 아이들의 경이감을 죽이는 언행이라는 것을 가슴에 새겨야 한다.

독서는 배경지식 확장에 큰 도움을 준다. 어떻게 진행하면 좋은지 살펴보자. 우리 아이들이 모국어로 된 다양한 그림책을 보며 성장하듯 동일하게 영어로도 그렇게 해 주면 된다. 엄청난 비법이 있을 것 같지만 사실 이게 전부이다. 엄마표 영어 교육을 가정에서 진행했을 때 성패가 갈리는 이유는 아이의 부족한 의지나 짧은 집중력 때문이 아니라 부모의 인내심이 부족하기 때문이다. 개구리가 frog인지를 외우는 것도, 개구리의 스펠링이 f-r-o-g 라는 것을 외우고 시험을 보는 것도 모두 옛날 영어 공부 방식이다. 대신 frog에 관한 책을 보면서 개구리frog와 두꺼비toad의 차이점, 개구리의 피부skin는 어떤지, 어떤 다양한 색의 개구리가 있는지, 어디서 사는지, 위장camouflage를 할 수 있는지, 호흡respiration과 순환circulation, 소화digestion, 배설excretion은 어떤지, 생식계reproductive system는 어떤지, 개구리알frogspawn, 올챙이tadpole에 대해 탐색하게 해 주는 것이 먼저다. 자연 관찰과 같은 비문학 도서를 모국어로도 영어로도 자연스럽게 보여 주면 된다.

물론 문학 도서로도 다양한 이야기를 만날 수 있다. 『청개구리』를 읽으며 개구리를 만나기도 하고, 『개구리 왕자』를 통해 마녀의 저주에 걸렸던 개구리 왕자가 공주의 도움으로 마법에 풀려나는 이야기도 접할 수 있다. 그렇다면 영어책으로는 어떤 책을 보여줄 수 있을까? 조나단 런던 Jonathan London의 『Froggy Gets Dressed(번역서 없음)』를 읽으며 겨울잠을 자야 하는 개구리 Froggy프로기가 옷을 입고 나가 놀려는데 제대로 옷을 입지 않아 옷을 입었다 벗었다를 반복하다 지쳐 다시 잠드는 이야기이다. Froggy프로기 시리즈는 워낙 유명하고 우리 아이들 모두 무척 즐겨 읽은 책이기도 하다. 왜 frog 단어 10번 쓰고 외우는 것보다 다양한 독서를 장려해야 하는지 충분히 인지되었길 바란다. 이제 실천만 하면 된다.

🎯 읽기 vs. 듣기 독서

원서를 오디오북(음원)으로 즐겨듣는 나는 책을 눈으로 읽는 것이 아니라 귀로 들었을 때 제대로 된 독서 효과를 볼 수 있을지 항상 궁금했다. 다행히 이 질문에 대해 나처럼 궁금해 하는 과학자들이 많아 이에 따른 연구 결과를 접할 수 있었다. 과연 남이 읽어 주는 글을 듣기만 해도 스스로 읽은 것과 같은 효과가 있는 것일까? 우리 아이에게 지도하는 방식은 원서 듣기와 읽기를 동시에 하는 청독인데, 이 방법은 우리 뇌에 어떤 영향을 주는지, 여전히 효과적인 독서활동인지에 대해 전문가의 의견이 궁금했다.

UC 버클리대학교UC Berkeley 갤런트랩Gallant Lab의 연구원인 파트마 데니즈Fatma Deniz 박사에 따르면 우리의 뇌는 이야기를 읽는 것과 듣는 것이

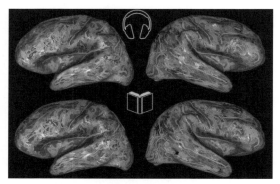

듣기와 읽기를 했을 때 뇌 변화

크게 다르지 않으며 청각과 시각 입력에 대한 뇌 지도는 거의 같다고 발표했다. 더 나아가 난독증dyslexia를 가진 사람은 오디오북으로 하는 듣기 독서 통해 읽기 독서와 동일한 효과를 얻을 수 있다고 주장한다. 또, 언어를 제 2외국어로 배우는 아이들은 새롭게 배우는 언어이기 때문에 읽기나 이해력이 다소 떨어질 수 있는데 듣기 독서를 통해 언어습득에 큰 도움을 받을 수 있다고 한다.

미국에서는 오디오북의 도움을 받으며 독서를 하는 교육 방법이 활발하게 진행 중이며, 이 방법으로 인해 아이들이 더 독서를 즐기게 되어 좋은 영향을 준다는 기사도 자주 볼 수 있다. 많은 논문을 통해 오디오북 활용이 학습적으로도 좋은 효과를 가진다는 것이 알려져서인지 오디오북 시장은 점점 커지고 있다. 듣기 독서가 독서 활동에 좋은 영향을 미치는지 아닌지에 대한 의심이 있었다면 이젠 걱정을 덜어도 될 것 같다.

🎯 정독이냐 다독이냐 그것이 문제로다

나도 엄마표 영어 교육 철학이 흔들릴 때가 있는데 그럴 때마다 아이가 우리말을 배우는 방식을 되새기며 이를 영어 교육에 접목해 본다. 아이들이 우리말을 습득하는 방법에 대해 생각해 보자. 아이가 우리말을 배우며 독서를 할 때, 한 권만 오래 읽고 끝내는 독서 방식이 바람직할까, 아니면 다양한 장르의 책을 두루두루 함께 읽게 하는 방식이 바람직할까? 영어도 예외는 아니다. 하지만 다른 나라의 언어이기 때문에 단어와 문장을 암기해야 한다는 마음으로 인해 어렵다는 생각부터 든다. 초등학교 1학년이 책을 읽을 때 한글을 읽을 수는 있어도 모든 단어나 문장을 이해하기는 어렵다. 그렇다고 초등학교 1학년 아이에게 단어장을 만들게 하여 암기식으로 교육을 한다면 독서를 즐겁게 할 수가 없을 것이다. 충분한 독서를 한 아이들은 대부분 저절로 뜻을 알아가고 문장에 대한 이해도가 향상된다. 학년이 올라가며 미처 몰랐던 단어나 자신이 예측했던 뜻과 실제 쓰임이 달랐던 단어들을 알아가며 어휘력도 문해력도 향상된다. 아이들이 국어를 이와 같은 방식으로 습득했듯, 영어도 그렇게 습득할 수 있다. 영어로 된 그림책을 보여줄 때 모르는 단어가 등장해서 난처함을 겪는 부모가 많다. 하지만 아이들 입장에선 어차피 국어로도 모르는 단어일 가능성이 높다. 그냥 동시에 이중 언어를 노출해 주면 된다는 마음으로 가볍게 접근하면 된다. 아이들에게 처음 국어로 된 그림책을 읽어 주던 유아기 때를 회상해 보자. 이때 부모가 아이들에게 책을 읽어 주는 행위는 아이 입장에선 청독일 것이다. 유아기의 아이들은 글자도 단어 뜻도 잘 모른다. 책 안의 그림을 통해 언어를 알아간다.

태어나서 아직 코끼리나 하마를 실제로 본 적 없는 우리 아이들은 먼저 책을 통해 이러한 동물의 이름을 배운다. 귀여운 그림일 수도 있고 실제 사진일 수도 있다. 그러고 나서 책을 통해 봤던 동물을 실제 동물원에 가서 보며 책에서만 봤던 동물, 코끼리와 하마를 다시 한 번 머리에 담아둔다. 동물원에 가서 본 많은 동물을 모두 기억할 수는 없지만, 방문 전과 후에 다양한 책을 통해 지속적으로 동물을 만나게 될 것이다. 영어도 동일하다. 코끼리와 하마가 서로 씨름을 하며 노는 영어 그림책에서, 코끼리의 종류와 사는 지역이 어디인지 알려주는 논픽션을 보며, elephant의 철자가 어떻게 되는지 모르더라도 충분히 자주 노출했다면 쉽게 elephant와 hippo란 말을 한다. 그러면 그때부터 혹시 우리 아이가 영어에 재능이 있나? 하면서 관심을 갖게 되고 어떻게 도움을 줄지 고민에 쌓인다. 하지만 그저 우리말 배우듯 책을 읽어 주고 아이와 즐겁게 활동하면 된다. 뭔가를 더 해줘야 할 것 같은 기분이 들 때, 그냥 기존과 같게 부담 없이 재미난 책을 다양하게 읽어 주면 된다. 직접 읽어줄 여력이 없으면 음원을 활용하면 된다. 그림책을 읽는 유치부 아이들은 정독인지 다독인지 선택할 것도 없이 그냥 다독으로 진행하면 된다. 다양하고 폭넓은 그림책이 언젠간 밑거름이 될 것이다.

정독과 다독을 동시에 자연스럽게 지도하는 방법 중 가장 좋은 것은 책 시리즈를 소개하는 것이다. 이미 아이가 좋아하는 작가가 있다면 더 좋다. 예를 들어 론 로이^{Ron Roy} 작가의 『A to Z Mysteries (번역서 없음)』 시리즈로 정독과 다독을 진행한다고 가정해 보자. 이 시리즈는 총 26권이며 책 제목이 알파벳 순서대로 되어 있다. 정독용으로 A권을 시작하며 지은이와 등장인물을 파악하고, 어떤 사건을 어떻게 해결하는지, 독자인 아이는 등장인물과 달리 어떻게 해결할 것 같은지 등에 관해 이야기를 깊게 나눈다. A는 꼼꼼하게 살펴보며 읽고, 그 와중에 다독을 위해 B, C, D 후속편 책 읽기를 진행하는 것이다. A는 학습용으로 B, C, D는 놀이용으로 읽는다. 시리즈를 읽다 보며 느끼게 되는 것은 읽은 책의 권수가 쌓일수록 등장했던 주요 단어들이 반복적으로 나오기 때문에 처음 1권을 읽을 때는 몰랐지만, 26권의 책을 읽으면 상당 부분의 필수 단어^{academic words}를 습득하게 된다. 예를 들어 dog이 강아지라고 따로 외우지 않아도 만약 주인공과 함께 사는 강아지가 있다면 dog이나 dog의 이름이 매번 등장할 것이고 26권의 책 전반적으로 dog이란 단어가 노출되었을 횟수를 생각해 보면 자연스럽게 그 단어를 알게 되는 것은 당연할 것이다. 물론 개중에 어렵고 따로 시간을 투자해서 살펴봐야 하는 단어도 있다. 이런 단어들이 정독하는 활동 중 하나가 될 수 있다. 그런데 만약 한 권만 깊게 배우고 다독을 동시에 하지 않았다면, 1권에 등장하는 단어들만 외우느라 고생만 하고, 충분한 노출이 없었기 때문에 단어를 잊어버리는 속도는 상대적으로 빠를 것이다. 단어 시험 공부를 하고, 시험을 본 후 몇 주가 지나면 남는 것이 없는 것이 이러한 이유 때문이다. 단어를 외우지 말라는 것이 아니라 꾸준히 그 단어들을 지속해서 노출해야 한다는 것이다. 이는 다독을 하면 자연스럽게 기억에 축적된다.

초등학교 저학년 시절에는 다독이 정독보다 더 중요한 시기라고 생각한다. 부모가 영어를 잘하지 않더라도 엄마표 영어 교육이 가능한 이유는 언어는 누가 가르쳐서 배운다기보다 독서를 통해, 다양한 상황과 대화를 통해 배우는 것이 더 많기 때문이다. 반면 학원에 다니면서도 실력 향상이 안 되는 아이들이 종종 있다. 그 이유는 학원에서는 기본적으로 정독을 통한 영어 학습 방법으로만 진행하기 때문에 아이들이 다독을 할 기회를 잃어버리게 된다. 게다가 학원을 보냈다는 안도감에 부모는 가정에서 손 놓고 뒷받침을 해주지 않기 때문에 실력 향상이 어려운 것이다. 즉 다독할 수 있는 환경을 조성하지 않는다면, 폭발적인 언어 발달은 힘들 수밖에 없다. 내가 아직까지 우리 아이를 영어 학원을 보내지 않는 것은 집에서도 훌륭한 책과 교재를 통해 스스로 학습이 충분히 가능하다고 믿기 때문이다. 처음엔 '아이가 읽는 책을 얼마나 이해하겠어?' 하고 의구심이 들 수도 있지만 인풋이 늘어날수록 아이들의 어휘력이나 이해력은 상상을 초월할 정도로 성장해 있을 것이다. 독서를 많이 하고 즐기는 아이들은 대부분 지식이 해박하고 문해력이 높다. 따로 단어 암기나 문법 공부, 독서 논술 학원을 안 다녀도 가능하다.

정독을 위해 문제 풀이에 너무 중점을 두고 지도하는 것은 바람직하지 않지만, 교재를 적절하게 활용하면 좋은 시너지 효과를 볼 수 있다. 문제 풀이의 정답과 오답에 무게 중심을 두는 것이 아니라 다양한 관점, 시각으로 논의할 수 있는 풍부한 지문과 질문이 있는 교재는 활용해도 좋다. 그래서 영어를 배우기 위한 목적을 지닌 교재가 아닌, 호기심을 자극하고 흥미로운 기사를 통해 새로운 정보를 알게 하고, 깊은 사고를 할 수 있도록 유인하는 질문이 담긴 교재를 선택해서 아이와 활용한다. 이러한 기사나 지문도 정독의 일환이라 생각한다. 자기 주도 학습으로 학습 활동을 진행하고 교재를 만든 전문가의 질문을 활용해 아이와 함께 토론하는 방식으로 진행한다. 아이는 풀이하는 과정을 통해 훨씬 더 깊이 책에 내용을 이해하게 된다.

🎯 책 읽기에 대한 다양한 오해

1. 모든 책을 완독해야 한다는 신념

책을 읽기 시작했다고 꼭 처음부터 끝까지 다 읽어야만 한다는 강박증을 버려야 한다. 이는 어른도 아이도 마찬가지이다. 나에게 맞지 않거나 내용이 흥미롭지 않으면 남들이 아무리 극찬하더라도 과감하게 책을 덮어야 한다. 목차를 보고 흥미로워 보이는 부분만 읽어도 된다. 이처럼 원하는 것만 골라서 읽는 방식이 잘못되었다고 생각할 수도 있지만 세상에 널린 것이 책이고 나에게 필요 없는 책을 끝까지 완독하는 것보다는 나에게 맞는 책을 찾아서 더 많이 읽는 것이 더 의미가 있다.

2. 책을 읽을 때 모르는 단어는 모두 다 찾아야 한다는 강박

책을 읽을 때 모르는 단어로 인해 이야기의 흐름이 도저히 이해가 안된다면 사전에서 단어를 찾아 확인하고 필요에 따라 단어장을 만들어도 된다. 하지만 아직 국어 단어장이 없는 친구라면 영어 역시 굳이 만들 필요는 없다. 국어 단어장을 만들 시기가 되었을 때 영어도 시작하면 된다. 모르는 단어가 많은 것은 당연하다. 그냥 우선 노출을 많이 하는 것이 중요하다. 단어를 찾다 지쳐서 책 읽기를 중도하차하는 실수를 저지르지 말자.

3. 문장을 완벽히 해석해야 한다는 집착

영어책 읽기를 할 때 문장을 완벽히 해석하며 읽어야 제대로 공부하는 것이고 이해한 것이라는 오해가 있다. 영어책을 읽는 것은 문장을 해석하고 번역을 하는 것이 아니라 언어 그 자체를 통으로 받아들이는 것이다. 이야기 전개 상황과 대화, 문맥을 통해 유추하고 짐작하며 즐기기 독서를 해야 한다. 그러다 보면 점점 언어를 감으로 익힐 것이다. 그러고 나서 학습적으로 접근을 하는 것이다. 문장 해석이 아니라 문장 안에 내포되어 있는 의미 파악을 말이다.

4. 책을 읽고 제대로 읽었는지 매번 확인해야 한다는 생각

아이들은 독서를 하며 배워가는 과정 중에 있다. 지금 제대로 이해를 하지 못 한다고 앞으로도 못 하는 것이 아니다. 지금 이해를 제대로 못 하더라도 꾸준히 독서를 하다 보면 어느새 성장해 있을 수 있다. 한글이나 영어를 읽을 줄 몰라도 아이들은 그림책을 보고 대략 이해할 수도 있는 놀라운 초능력을 발휘할 수 있다는 것을 잊지 말자.

영어책 읽기 전
꼭 알아야 하는 팁

🎯 인생책과의 만남 주선하기

첫째 아이의 첫 번째 인생 책은 메리 폽 어즈번^{Mary Pope Osborne}의 『마법의 시간 여행^{Magic Tree House}』이다. 이 책은 『네이트 더 그레이트^{Nate the Great}』시리즈를 완독한 후 다음 시리즈로 읽을 책으로 미리 선택해 집에 모셔 두고 있던 책이었다. 하지만 전집을 구매하고 6개월이 지나서도 한번도 펼쳐 보지도 않은 아이에게 버림받은 책이었다. 아이와 합의 후 구매했지만, 1권을 읽더니 재미가 없다며 오랜 기간 책을 펼쳐 보지도 않았다. 하지만 나는 이를 그냥 방치하지 않았고, 다른 또래 아이들이 왜 좋아하는지에 대한 서평도 함께 보고, 왜 베스트셀러인지에 대해 추측하는 등의 대화를 시도하였다. 그 와중에 구매한 책이 아까워 내가 먼저 읽기 시작했다. 왜 아이가 재미없다고 했는지 아이의 책 취향을 파악하기 위함이기도 했다. 그리고 책이 한 권 두 권 끝날 때마다 아이에게 책의 줄거리를 이야기해 주었다. 시리즈가 집안에 여전히 존재한다는 것과 은근히 재미있다고 어필하기도 했다.

어느 날 초등학교 3학년쯤에 시리즈 중『마법의 시간 여행 3 : 여왕 미라의 비밀을 풀어라!Mummies in the Morning!』를 꺼내 읽더니 흥미를 갖기 시작했다. 그때 당시 다른 책으로 미라mummy에 대해 읽는 중이었다. 그 후 『마법의 시간 여행』시리즈에 흥미가 보였고, 처음부터 다시 읽어보고 싶다며 1부터 읽기 시작했다. 하루에 한두 권을 읽더니 어느새 몇 주 지나지 않아 시리즈 전체를 읽었다. 그리고 후속작인『멀린 미션Merlin Mission』이 있다는 것을 알게 되었다. 그리고 또 엄청난 속도로 읽기 시작했다. 이때 다독을『마법의 시간 여행』으로 시작했기에 정독용 책으로도 선택했다. 책에 흥미가 떨어지지 않는 선에서 자주 등장하는 단어나 책에 내용에 대해 이야기를 나누었다. 학습적으로 2~3권 정도만 문제 풀이를 했고 스토리 맵핑story mapping도 2권 정도만 했다. 아이가 단어 외우고 문제 풀기에 크게 관심이 없어서 거의 다독에 무게를 두었다. 아이가『마법의 시간 여행』을 좋아해서 비문학 도서 선택도『Magic Tree House Fact Tracker(번역서 없음)』로 하였다.

우리 아이도 처음엔 책에 관심을 두지 않아 많은 날을 고민하기도 했다. 이때 엄마표 영어 교육을 진행할 의지가 있다면 쉽게 물러서지 말고 계속 관심을 가질 수 있도록 아이와 대화를 시도 하거나 부모가 먼저 책을 읽는 모습을 보여주길 추천한다. 물론 아이가 끝까지 『마법의 시간 여행』을 안 좋아했을 수도 있다. 하지만 그랬다면 나는 분명 아이와 함께 다른 책들을 검색하며 추천했을 것이다. 난 지금도 아이가 인생 책을 만날 수 있도록 도움을 주고 있다. 세상에 좋은 책은 많다. 아이가 좋아할 것 같은 책을 물어다 주는 어미 새 역할을 충실히 하면 된다.

🎯 ORT / ORD / ORI 활용법

엄마가 읽어 주던 그림책 말고 아이가 낭독의 즐거움을 알게 해준 책은 바로 옥스퍼드 출판사 Oxford University Press에서 출간되는 아래의 책이다.

- Oxford Reading Tree(ORT)
- Oxford Read and Discover(ORD)
- Oxford Read and Imagine(ORI)

첫째 아이가 4살 경에 ORT를 구매했다. 세이펜을 사용하며 놀이식으로 음원을 들려주거나 다른 그림책 읽어 주듯 ORT도 내가 직접 읽어 주었다. ORT 책은 아이 혼자서 그림만이라도 자주 보곤 했다. ORT의 장점은 책이 매우 얇아 한 권을 읽는 데 몇 분 소요되지 않기에 여러 권을 쉽게 읽을 수 있다는 것이다. 책 표지가 딱딱하지 않아 다칠 위험도 덜하다. 전체를 금방 읽을 수 있을 수 있어 아이가 읽고 난 후에 느끼는 성취감도 크다.

나는 ORT 책을 읽기용 말고 가지고 놀기용으로도 활용했다. 전면 책장을 구매하여 표지만 볼 수 있게 진열했고, 책을 읽어줄 때도 있지만 때론 책 제목만 읽어 주기도 했다. 5살 경에 책 제목을 듣고 해당 책을 집어 오는 게임을 종종 했는데, 알파벳을 처음 하나둘 알기 시작했는데 책 제목만 듣고 그 책을 가져와서 깜짝 놀란 적이 있다. 책에 자주 노출되어 알파벳을 조금씩 식별하기 시작했고, 제대로 뜻도 모를 텐데 ORT를 정말 자주 많이 읽었다. 단계를 순차적으로 올라가는 것이 아니라 1~5단계까지 뒤죽박죽 아이가 꺼내 오는 대로 책을 보았다. 파닉스를 조금씩 알려줄 때 파닉스 규칙을 적용하며 책 읽기를 시도한 책이 ORT이다. 아이는 어릴 때부터 봐서 그런지 ORT에 대한 우호적인 마음이 있어 꾸준히 읽기를 시도했다. 쉐도잉처럼 따라 말하게도 했고 그냥 자신이 생각하는 파닉스 규칙을 떠올리며 낭독하기도 했다. ORT를 200% 활용하는 방법은 무한 반복해서 보여 주고 생활화하는 것이다. 특별히 엄청 뭔가를 가르친 것도 없다. 그냥 자주 눈에 띄는 곳에 항상 ORT가 있었고, 그림만 보기도 하고, 펜을 통해 음원을 듣기도 했다. ORT를 읽으며 깔깔 거릴 때가 많았다. 아이 눈에는 엄마, 아빠를 골탕 먹이거나 가족들 간의 이야기가 재미있었나 보다.

문학과 비문학을 적절하게 보여주고 싶은 마음이 컸기 때문에 다음으로 시도했던 책은 ORD였다. 이 책을 통해 본격적으로 학업으로 전환하는 시도를 했다. 파닉스를 대략 이해한 7세 때 ORD 1단계를 시작했다. 처음으로 문제 풀이도 해보고 영어 쓰기에 도전한 교재이다. ORD는 총 6단계가 있고 단계별로 10권씩 구성된다. 일 년에 한 단계씩 10권의 책을 정독하였다. 빠른 진도를 나가기보단 ORD 교재를 통해 공부하는 습관을 만들려고 노력했다. 예를 들어 ORD 1단계 중 『In the Sky』라는 책이 있는데, 한 권의 책을 정독하며 다른 연계 도서를 읽어갔다. 이때 청독, 낭독, 쉐도잉 모두 활용하며 읽기를 장려했고, 교재 뒤에 있는 질의응답이나 워크북을 활용하기도 했다. 아이가 초등학교 3학년이 되었을 때 ORD 3단계를 진행했는데 그 무렵 『네이트 더 그레이트^{Nate the Great}』 챕터북 읽기를 시도했다. ORD를 학습으로 전환하는 과정이 쉽지는 않았다. 어린 나이라 그런지 학습 활동 보다는 놀기를 더 좋아했다. 그래서 욕심 부리지 않고 천천히 하다, 말다를 반복했다. 집중력이 아주 짧아 5분, 10분 정도만 학습 활동을 겨우 진행했다. 학습 활동을 할 때, 손으로만이 아니라 입 밖으로 질문을 읽고 스스로 답하기를 장려했다. 각 챕터별로 2번 정도 음원을 듣고 낭독했는데 아이가 잘 읽지 못하면 듣기를 더 많이 했다. 쉐도잉도 함께 종종 시켰다. 잘 읽을 때가 되어야 문제 풀이를 했고, 문제를 풀면서 질문과 답을 모두 입 밖으로 말하도록 하였다. 1단계의 10권 전체가 마무리가 되면, 1단계의 1권부터 다시 시작했다. 이때 질의응답은 이미 풀어 놓았기 때문에 다시 풀지는 않고 읽기만 하였다. 가끔 내가 질문하고 아이는 답을 보지 않고 대답하는 학습도 했다. 이렇게 각 단계를 1권부터 10권까지를 기본 두 바퀴 돌았다. ORD 3단계로 올라갈 때 어려움을 겪었고, 나중에 5단계로 올라갈 때 또 새로운 시련을 겪었다. 단계가 올라갈 때 한번 껑충 뛰는 듯한 기분이 들었던 것 같다. ORD를 학습으로 진행할 때 중요한 것은 빨리 단계를 올라가는 것이 아니라 해당 지식을 확장할 수 있는 독서를 함께 진행하는 것이다. 이때 ORD는 정독용이었고, 연계 도서들은 다독용이었다. 연계 도서는 진행하는 ORD 책의 주제와 관련된 책을 주로 도서관에서 빌려와 읽었다. 예를 들어 『In the Sky』를 읽을 때, 등장하는 단어를 비롯해 과학 관련된 책을 다양하게 읽었다. ORD 3단계까지 하는데 3년 정도의 시간이 걸렸지만, 그 후 나머지 3단계를 끝내는 데엔 2년이 채 안 걸렸다. 모든 레벨을 진행할 때, 단어를 암기하는 데엔 큰 시간을 할애하지 않았고, 그 시간에 차라리 관련 도서를 더 찾아보았다. 노출 빈도가 높아지면서 저절로 알게되는 단어나 지식이 늘어났다.

ORD의 짝꿍이라 불리는 ORI는 정독이 아닌 다독용으로 읽었다. ORD는 논픽션이고 ORI는 픽션이다. 예를 들어 ORD 4단계 『Incredible Earth』에서 화산과 관련된 지식을 배웠다면, ORI 4단계 『Volcano Adventure』에선 벤과 로지가 모험을 떠나는 이야기가 펼쳐진다. ORD에서 방금 배운 새로운 단어와 지식이 바로 ORI에서도 등장하고 자신이 내용을 이해할 수 있다는 점에서 성취감과 뿌듯함을 많이 느꼈다. 그래서 짝꿍도서라고 보통 말한다.

ORD 『Incredible Earth』 / ORI 『Volcano Adventure』

ORT, ORD, ORI를 200% 활용하는 방법은 정독과 다독을 적절하게 활용하는 것이다. 너무 학업적으로 진행하면 어린아이들은 금세 흥미를 잃어버릴 수 있다. 문제 풀기나 쓰기는 서서히 장려하고, 책을 읽으며 집에서 할 수 있는 다양한 활동을 하기를 추천한다. 예를 들어 화산과 관련된 책을 읽으며 화산 실험을 해보거나, 읽기에서만 끝나지 않고 박물관, 과학관에 방문하며 최대한 다양한 노출을 하는 것이 좋다. 이때 박물관이나 과학관에 영어로 된 설명을 읽어 주는 것도 좋다. 우리말과 영어를 꼭 함께 보는 습관을 키워 주면 교육 효과는 배가 된다.

🎯 세계사를 읽으며 영어 어원을 이해하다

『교양 있는 우리 아이를 위한 세계 역사 이야기』The Story of the World『는 수잔 와이즈 바우어Susan Wise Bauer 작가가 자신의 아이들과 홈스쿨링을 하기 위해 집필한 책인데, 현재 미국 내에서 홈스쿨 교재로 많이 사용된다. 총 4권으로 구성되어 있고 CD, 워크북, 그리고 시험지를 추가로 구매할 수 있다.

ORT가 유치부 때 영어를 즐겁게 접할 수 있게 해 준 책이고, ORD가 초등학교 저학년 때 아이의 영어 실력을 향상시켜 준 책이라면 『교양 있는 우리 아이를 위한 세계 역사 이야기』는 아이가 영어라는 언어를 역사적으로 깊게 이해할 수 있게 한 책이다. 챕터북에서 소설책으로 자연스럽게 단계를 높여준 책이고 토론식 수업을 하기에 탁월한 교재이다. 국내에서는 원서와 CD 그리고 시험지만 구매할 수 있고, 워크북은 아마존을 통해서만 구매할 수 있다. 가격이 다소 비싼데 내용이 매우 알차서 가격이 아깝지 않다. 아이들 눈높이에 맞춰 세계사를 배우기에 좋은 교재이다.

학습 방법은 ORD와 유사한데 다른 점이 있다면 우리 집 같은 경우 이때부터 자신만의 단어장을 만들고 워크북에 있는 질문을 통해 토론식 수업을 진행했다는 것이다. 워크북에 질문이 다 나와 있어 따로 준비하지 않아도 된다는 장점이 있다. 이밖에도 활동할 수 있는 지도, 프로젝트,

그리고 연계 도서 추천 목록이 상당히 많다. 하지만 아쉽게도 국내 영어 도서관에는 해당 도서가 거의 없어서 매우 제한적으로 연계 도서를 읽을 수밖에 없었다.

처음으로 시험이라는 것을 보았고, 각 챕터를 읽고 요약하는 연습을 시도하였다. 요약하는 방법을 알려 주지 않고 처음부터 알아서 해 보라고 했더니 정말 엉망진창이었다. 하지만 점점 하다 보니 요령이 생겨 나중에는 그럴싸한 요약 노트를 작성하였다. 책의 내용이 비문학 서적처럼 사실 중심이 아니라 마치 할머니가 옛이야기를 들려주듯 전개되기 때문에 요약하는 것이 어려울 때도 있었다. 아이는 토론 수업을 위해 미리 공부를 해오고, 수업을 진행할 때 이번 챕터에선 어떤 것을 배웠는지, 무엇이 중요한지 등에 대해 이야기를 나누었다. 워크북에 나와 있는 질문을 토대로 토론식 수업을 진행했다.

여기서 중요한 점은 엄마가 옆에서 책의 내용을 설명해 주며 공부를 가르치는 것이 아니라 공부하는 방법을 알려주고 스스로 할 수 있도록 관리를 해 주는 것이다. 아이가 질문에 제대로 답을 못하면 해당 챕터를 다시 공부할 수 있도록 장려했고, 시험을 잘못 보았을 때도 같은 방법으로 지도했다. ORD만큼이나 적극적으로 추천하고 싶은 교재이며 스스로 학습하는 습관을 잡는 데 큰 도움이 된 책이기도 하다. 역사를 별로 좋아하지 않았던 아이인데 이 책을 통해 조금의 관심이 생기게 되었고, 토론 수업을 하면서 영어 말하기 연습이 저절로 되어 수준을 한 단계 올리는 데 큰 도움이 되었다.

원서가 다소 두꺼워서 자칫 어려운 책이라고 인식하여 꺼려할 수 있지만 실제 권장 나이는 만 6세부터이다. 우리 아이는 이 책을 읽기 시작하며 두꺼운 책에 대한 두려움이 사라졌고, 이 책을 읽기 전과 후를 비교해 본다면 읽고 나서 영어 실력이 많이 향상되었다는 것을 체감할 수 있었다.

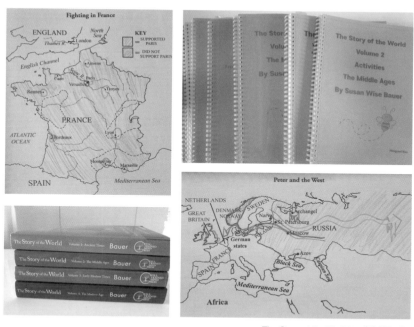

The Story of the World 교재와 활동 자료

⊙ 독서의 깊이를 넣기 위한 독후 활동

독후 활동은 아이가 하고 싶은 활동에 우선순위를 두고 충분한 대화를 한 후에 어떤 것을 할지 결정하는 것이 좋다. 이 과정이 처음에는 굉장히 오래 걸린다. 책을 읽고 어떤 프로젝트를 할지에 대해 상의하는 시간이 때론 책 한 권을 함께 낭독하는 것보다 더 오래 걸릴 때도 있다. 독후 활동은 공부를 위해 하기보다는 책에 대해 더 알아 보고 싶고, 더 이해하고 싶어서 해야 한다. 즉, 어떤 책을 읽든 몇 개의 단어를 외워야 하는지가 중요한 것이 아니라 저자가 이 책을 통해 시사하는 바가 무엇인지, 느낀 점, 배운 점은 무엇인지 등 지속해서 생각의 끈을 이어가는 것이 중요하다.

사이먼 사이넥Simon Sinek의 『나는 왜 이 일을 하는가Start with Why』에서 골든 서클Golden Circle에 따르면 생각의 흐름은 WHAT→ HOW → WHY 순서가 아니라 WHY → HOW → WHAT 순서로 질문에 답을 해야 한다고 설명한다. 학습도 마찬가지이다. '왜 책을 읽어야 하는가?'를 먼저 깨닫고, 그다음에 '어떻게 읽어야 하는가?'란 주제로 대화의 순서를 이어가야 한다. '어린아이들과 이런 대화가 가능할까?' 싶을 수 있지만 가능하다. 어릴 때부터 공부의 본질에 관해서 대화를 하고 성공 경험이 쌓이다 보면 스스로 공부법을 찾고 내적 동기부여를 발동시킬 수 있다.

책을 읽고 독후 활동을 하면 영어 실력 향상에 분명 도움이 되겠지만 양으로 승부할 필요는 없다. 강압적인 분위기에서 지도하면 아이가 독서 활동을 질려 하거나 영어 자체를 아예 싫어할 수도 있다. 가정에서 지도할 때 가장 중요한 것은 '어떤 커리큘럼을 짜야 하는가'라기 보단 아이가 원하는 것은 무엇인지, 아이 컨디션은 어떤지, 그리고 마음이 어디로 향하는지를 파악하고 멘탈 관리를 해 주는 것이다.

엄마표 영어의 가장 큰 장점은 우리 아이에게 맞는 맞춤형 서비스 제공이 가능하다는 것이다. 아이가 주도적으로 원하는 방법을 함께 상의하며 진행하는 것이 최고의 커리큘럼이다. 다른 아이들이 어떤 활동을 해서 실력이 향상되었다더라가 중요한 것이 아니라 우리 아이가 하고 싶은 것이 무엇인지 파악하고 진행한다면 차후 더 폭발적인 성과를 얻을 수 있다. 물론 처음부터 적극적으로 해 보고 싶어서 하는 아이라면 좀 더 수월하게 진행할 수 있다. 반면 처음 시도하는 것에 소극적인 아이들이 있을 수도 있다. 이때 엄마와의 대화, 설득, 경험담을 공유하는 것이 정말 중요하다. 예를 들어 '낭독을 했으면 좋겠다'라는 엄마의 의견에 아이가 동의하지 않는다면, 아이가 읽었으면 하는 책을 엄마가 직접 낭독하는 모습을 보여 주자. 그러면서 엄마도 공부하며 어려움을 겪어 봤기 때문에 아이가 왜 싫다고 하는지 이해한다는 이야기도 나누어 보고, 실제 해 보니 어떤 점이 좋고 도움이 되었는데 왜 전문가들이 이구동성으로 낭독의 중요성을 말하는지 이해가 된다는 등의 대화를 나누는 것을 추천한다. "너 잘되라고..."란 대화법보다 몸소 실천하는 모습을 보여 주고 경험담을 공유하는 것이 훨씬 더 설득력이 있다.

정독하며 할 수 있는 독후 활동을 나열하였는데 이실직고하자면 나역시 엄청나게 열심히 한 편은 아니다. 어쩌면 너무 열심히 하지 않아서 아이가 책을 더 좋아하게 된 것이 아닌가 싶은 생각도 든다. 가정에서 그나마 좀 더 관심을 가지고 활동한 것은 랩북lapbook과 포스터를 만든 것이다. 독서 활동 종류를 소개하는 이유는 구체적으로 활동할 수 있는 정보를 공유하는 것일 뿐 소개한 모든 활동을 지나치게 열심히 해야만 실력이 향상된다는 생각은 안 하셨으면 한다. 정독보다 다독이 먼저다. 독서를 습관화하고 좋아하는 아이로 성장하게 도움을 주는 것이 엄마표 영어의 핵심이다. 독후 활동은 독서 과정을 더 흥미롭고 다채롭게 도와주는 것이라 바라보며 실천하기를 추천한다.

1) 독서일지 Book Log

독서일지의 장점은 기록하는 책의 양이 점점 누적되면서 성취감을 느낄 수 있다는 것이다. 파닉스를 막 끝내고 책 읽기를 본격적으로 시작하는 아이는 쓰기에 부담을 느낄 수 있으니 책의 제목만이라도 쓸 수 있도록 장려했고, 문장까지 만들 수 있다면 마음에 드는 문구나 간략한 줄거리를 작성하도록 했다. 줄거리를 작성하는 것을 어려워한다면 가장 인상적이거나 느낀 점을 작성하도록 했다.

독서일지를 작성할 때 책 제목과 지은이는 반드시 같이 써야 한다. 간혹 지은이를 빼먹을 수가 있는데 영미권 문화에서는 책 제목만큼이나 지은이의 이름이 중요하기 때문에 책을 읽을 때도 책에 관한 글을 쓸 때도 지은이를 잊지 말고 언급하는 습관을 어려서부터 들이면 좋다. 이러한 1줄, 3줄짜리 독서일지를 지속해서 작성하다 보면 점점 하고 싶은 말이 늘어나서 페이지 반쪽, 그러다가 여러 장의 에세이 작성도 가능해진다.

2) 질의응답 Q&A

책을 읽다가 책에서 등장하는 주요 사건에 대해 '왜 이런 일이 발생했을까?', '저자의 의도는 무엇일까?'와 같은 질문을 떠올릴 수 있다. 이런 질문을 그냥 넘어가지 말고 아이와 함께 대화를 통해 생각을 공유해 보는 것이 좋다. 처음에는 전체적인 줄거리에 대한 질문을 하고, 차차 책 읽기 실력이 향상되면 세부적인 질문들로 좁혀 나가는 것이 도움이 된다.

캐서린 애플게이트Katherine Applegate의 『소원 나무Wishtree』는 소원을 들어주는 참나무 레드의 이야기를 통해 나무와 동물, 인간과의 관계와 우정 더불어 타문화에 대한 포용과 배척에 대한 여러 가지 주제들을 다루는 작품이다. 아이와 책을 읽은 후 저자는 독자에게 레드를 통해 어떤 메시지를 전달하고 싶었는지, 저자가 묘사하는 우정과 우리 아이가 생각하는 우정에 차이가 있는지, 만약 아이가 레드의 목소리를 듣는다면 어떻게 반응할 것 같은지 등에 대해 대화를 나눴다.

챕터북을 읽는 아이들은 독후 활동을 할 때, 질의응답 형식의 글쓰기로 넘어가는 것이 일반적이다. 뭔가 결과물이 있어야 진짜 공부를 했다는 생각이 들 수 있겠지만, 진정한 독후 활동은 질의응답을 푸는 것이 아니란 것을 아이에게도 이해시켜 주는 것이 좋다.

책을 읽고 너무 질의응답 문제 풀이 방식에 무게를 두고 공부하다 보면 독서의 즐거움을 제대로 느끼기도 전에 책 읽기 자체를 꺼릴 수 있다. 책을 읽고 자꾸 꼬치꼬치 캐묻는 듯한 기분을 느끼게 하거나 평가를 받는 기분이 들게 하는 하는 독서는 바람직하지 않다. 아이와 활동할 때 질의응답을 통해 배울 점도 많다는 것을 설명하며 최소한으로 진행하였다. 책을 읽을 때 어떤 생각을 하며 읽어야 하는지 중요한 핵심이 무엇인지를 알아가는 방법을 도와주는 것이 바로 질의응답일 수 있다. 적절하게 활용하되 무게중심이 문제 풀이의 정답이 되지 않길 바란다. 독서의 기쁨에 무게중심을 두며 엄마표 영어를 진행하는 것이, 책을 읽고 질의응답으로 인해 고통받는 것보다 더 낫다고 생각한다. 잊지 말자, 영어 공부는 마라톤이다.

3) 스토리 리텔링 Story re-telling

스토리 리텔링이란 책이나 영화를 보고 어떤 내용인지 줄거리를 이야기하는 것인데 실제로 해 보면 정말 어렵다. 예를 들어 〈겨울왕국 Frozen〉이란 영화를 보거나 책을 읽은 후 아이에게 우리말이든 영어든 줄거리를 이야기해 보라고 하면 대부분의 아이는 요점을 파악하여 간략하게 설명하는 것을 어려워한다. 대부분 이야기가 삼천포로 빠지거나 장황하게 흘러가기 쉽다. 한참 열심히 이야기하다 끝을 맺지 못할 때도 종종 있다. 자기 생각을 일목요연하게 전달하는 방법을 터득하기 위해 말하기 연습을 꾸준히 해야 한다. 이야기를 어디서부터 시작해야 할지 모르는 아이들에겐 부모가 살짝 질문을 던지며 이야기를 유도할 수 있다. 아이가 스스로 육하원칙(5W+1H) 누가Who, 언제When, 무엇을What, 어디서Where, 왜Why, 어떻게How를 담아 이야기를 전개할 수 있는 수준으로 이끌어 주어야 한다. 생각을 정리하는 연습을 어려서부터 지도해 주어야 나중에 글쓰기를 할 때 수월하다. 이때 부모가 문법이나 발음에 대한 지적을 해서는 안 된다. 아이가 한참 자기 생각을 정리하며 이야기를 하는 과정 중에 지적을 당하면 생각의 흐름이 깨지기 쉽다. 이러한 경험을 자주 하게 되면 아이의 사기가 떨어지고, 이야기하고 싶은 마음이 사그라든다. 문법과 발음은 다양한 책을 만나는 과정에서 차차 자연스럽게 고쳐질 것이다.

4) 에세이 Essay

감상문, 서평, 논문 정도로 보면 좋다. 초기 챕터북부터 간략하게 글쓰기를 시작할 수 있다. 독서일지로 시작하여 결국 종착점은 에세이가 될 것이다. 자유 주제가 될 수도 있고, 책을 읽고 느낀 점, 배운 점, 함께 생각하면 좋은 점 등에 대해 글쓰기를 하는 것이다. 일반적으로 에세이를 처음 배울 때, 보통 5단락의 에세이 쓰는 법을 배운다. 학년이 올라갈수록 5단락 이상의 길고 복잡한 에세이를 쓰게 되겠지만, 얼마나 많은 단락을 포함하든 같은 기능을 수행한다. 에세이의 종류는 다양하지만 특정한 입장을 찬성하거나 반대하는 주장, 제시하고 설득하는 종류의 에세이를 가장 많이 작성하였다.

소개 Introduction: 서론이 될 것이다. 어떤 주제를 다루고 있는지 구체적으로 소개한다. 명확하고 간결한 주장이 담겨 있어야 하며, 첫 번째 본문과 관련되어 자연스럽게 첫 본문 단락으로 넘어가게 해야 한다.

본문 단락 Body Paragraph: 첫 번째 본문 단락에서 논제를 증명하는 가장 강력한 점을 제시해야 한다. 서론에서 주장하는 것과 연결이 되어야 하며, 논쟁하고 있는 요점과 관련된 구체적인 예를 들며 설명한다. 각 단락은 자연스럽게 연결이 되어야 하며 이때 인용문을 어떻게 작성하는지를 구체적으로 배운다.

결론 Conclusion: 논제의 서술문을 다시 기재해야 하지만 소개 자체의 사본이 되어서는 안 된다. 결론에서 각 본문 단락의 주요 사항을 요약하고 에세이를 다 읽은 후 독자들이 생각할 수 있는 것을 포함하며 마무리를 한다.

5) 요약하기 Summary

스토리 리텔링은 이야기를 말로 전달했다면 요약은 글로 작성하는 방식으로 보면 좋다. 말로 전달하는 것과 더불어 글로 표현을 하며 좀 더 신중히 단어 선택을 하고, 문장을 만들어나갈 수 있다. 요약을 해보는 활동을 통해 스토리 리텔링 실력도 동시에 향상될 것이다.

요약은 이야기의 핵심을 간략하게 작성하는 것이다. 이때 주의할 점은 책 안의 내용을 동일하게 베껴 쓰는 것이 아니라 자신의 단어로 변경해서 작성하는 것이다. 작고 덜 중요한 세부 사항은 생략한다. 소설과 같은 이야기를 요약할 수도 있고 역사적 사실을 요약할 수 있다. 우리는 주로 소설은 스토리 리텔링을 했고, 역사적 사실은 요약을 했다. 수잔 와이즈 바우어^{Susan Wise Bauer}의 『교양 있는 우리 아이를 위한 세계 역사 이야기 ^{The Story of the World}』로 챕터별 요약하는 연습을 하였다.

6) 랩북 Lapbook

책을 읽고 배운 내용을 미술과 결합하여 정리하는 것이다. 초등학생들이 주로 하는 활동이고 질의응답이나 에세이 같이 딱딱해 보이는 활동보다 흥미를 유발하고 적극적으로 참여할 수 있게 한다. 일반적으로 구성하는 내용은 아래와 같다.

- 배운 점, 새롭게 배운 단어
- 책 제목, 지은이, 장르, 배경, 주제, 함께 읽어 보면 좋은 책
- 육하원칙 5W+1H : Who, What, Where, When, Why, How
- 질의응답, 관련 문서, 추가 자료, 단어장

주제를 정하고 시작하는 것보다 책을 읽고 알아 보고 싶은 자료를 찾아보며 함께 작업하는 것이 좋다. 부모가 먼저 정하는 것이 아니라 아이가 어떤 내용을 조사하고 수집했으면 좋을지에 대해 정하고, 아이 주도 아래 랩북을 만드는 것이 핵심이다. 랩북은 마음껏 자유롭게 만들면 된다. 이를 통해 창의성과 배움의 기쁨을 함께 만끽하고 예술 작품을 만들 듯 꾸며 나가는 과정을 통해 독서 활동의 즐거움을 느낄 수 있다. 시간이 많이 소요되어 모든 책에 대해서 할 수는 없겠지만 꼭 한번 시도해 보며 실제 영미권 아이들이 어떤 독후 활동을 하는지 경험하는 것도 좋다. 자기 주도적으로 무언가를 만들어나가는 희열을 느낄 수 있다.

우리 가정에서 활동했던 책을 소개해 본다. 『The Chocolate Touch(번역서 없음)』는 그리스 신화 속 황금의 손 미다스 왕King Midas에서 모티브를 빌려와 현대적인 감각으로 재구성한 작품으로 아이들이 무척 좋아하는 '초콜릿'을 주제로, '지나치게 욕심을 부리는 것은 좋지 않다'라는 교훈이 담겨 있는 책이다. 랩북 구성은 기본적으로 책 내용과 아이가 궁금해 한 초콜릿의 역사에 관련된 짧은 기사를 찾아보았고, 세계에 어떤 간식 종류가 있는지 역시 찾아보고, 자신이 가장 좋아하는 간식은 무엇인지에 대해 자유롭게 표현했다. 그리스 신화에 나오는 미다스 왕이 모티브였기에 조사를 해 보고, 신화 이야기와 이 책과 어떤 연관이 있는지에 대해 논해 보았다.

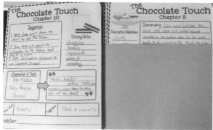

『The Chocolate Touch(번역서 없음)』
Patrick Skene Catling

『파퍼 씨의 12마리 펭귄 Mr. Popper's Penguins』
Richard & Florence Atwater

『파퍼 씨의 12마리 펭귄Mr. Popper's Penguins』을 읽었을 때 했던 활동은 펭귄의 종류에 대해 알아 보고 남극Antarctic과 북극Arctic의 차이점을 조사하는 것이었다. 랩북 뒤에 종이를 담을 수 있는 주머니를 만들어 이 책을 정독하며 만들었던 단어장과 자신만의 문장을 작성한 종이를 꽂아 놓았다.

『세상에 단 하나뿐인 아이반 The One and Only Ivan』
Katherine Applegate

　　『세상에 단 하나뿐인 아이반The One and Only Ivan』은 미국의 어느 쇼핑몰 내 우리에서 27년간 홀로 갇혀 살았던 고릴라 아이반의 실제 사연을 바탕으로 한 이야기다. 우정, 희망, 예술, 친절함을 주제로 담고 있다. 특히 주옥같은 문장들이 특히 많았던 책이었다.

　　Humans waste words. They toss them like banana peels and leave them to rot. Everyone knows the peels are the best part.
　　인간은 말을 낭비한다. 그들은 그것을 바나나 껍질처럼 던져버리고 썩게 내버려 둔다. 하지만 우리는 껍질이 가장 좋은 부분이라는 것을 안다.

_『세상에 단 하나뿐인 아이반 The One and Only Ivan』 중에서

랩북 다운로드 추천 사이트: homeschoolshare

    랩북은 도서뿐 아니라 다양한 학습 주제로 만들 수 있다. 문법, 에세이 작성법, 역사, 태양계, 계절 등 주제는 제한되지 않아 소규모 프로젝트로 랩북 만들기 활동을 할 수 있다. 디자인으로나 아이디어를 얻고 싶을 때 Pinterest를 많이 활용한다. 보통 구글 검색창에 원하는 도서 이름 끝에 lapbook 이라고 검색을 하면 다양한 자료를 얻을 수 있다. 또는 lapbook list나 탬플릿template이 많은 사이트에서도 정보를 얻는다.

7. 책을 읽을 때 생각해야 하는 점

- **책 읽기 전**: 책 표지를 보고 어떤 내용일 것 같은지 대화해 보기, 저자의 이름을 파악하고 집필한 다른 책을 읽어 본 적이 있는지, 어떤 목록이 있는 확인하기
- **책 읽는 중**: 챕터가 끝날 때마다 구성과 배경에 대해 생각하기
- **줄거리**: 이야기에서 어떤 사건으로 인해 어떤 결과가 발생하는지 (cause-and-effect) 생각하기
- **배경**: 이야기가 전개되는 배경 환경(지형적 장소, 환경, 시간, 기상 등을 일컫고 저자가 만든 새로운 세계가 될 수도 있음) 파악하기
- **책 읽은 후**: 이야기의 전반적인 분위기나 등장인물 간의 관계, 사건 파악하기

문학 소설을 읽을 때 이야기 줄거리뿐 아니라 작가의 이야기 구성plot에서 의도가 무엇인지를 파악하며 책을 읽어야 한다. 인물을 배치하고 정해서 사건을 전개하는 것이 구성이라면 줄거리story는 말 그대로 이야기의 군더더기를 제외하고 뼈대만 남은 줄거리를 뜻한다. 일반적으로 소설의 줄거리는 시간 순서에 따르며 소설의 구성은 원인과 결과의 관계로 표현되는 경우가 많다. 소설의 구성은 대개 갈등의 형성 과정과 해결 과정에 의해 만들어지는데, 사건에 영향을 미치는 일련의 사건들을 파악하며 읽어야 한다.

유추하는 힘의 중요성

우리는 우리말로 된 글을 읽을 때 혹시 모르는 단어가 나오더라도 문맥을 통해 유추하여 대략적으로 이해를 한다. 간혹 엉뚱하게 유추할 때도 있다. 그래서 평소에 독서를 하며 다양한 단어를 접하고 단어의 의미를 바르게 이해하는 시간이 필요하다. 모르는 단어를 문맥을 통하여 유추해 보려는 노력도 하지 않고 바로 사전을 보고 단어를 암기한다면 그 단어는 머릿속에 오래 남지 않을 것이다.

영어도 마찬가지이다. 모르는 단어가 나오더라도 먼저 사전을 찾지 말고 문맥을 통해 단어의 뜻을 유추해 보려는 노력을 해야 한다. 그래야 그 단어의 쓰임을 온전히 파악할 수 있고, 더 오래 기억할 수 있다. 미리 만들어진 단어장의 단어를 암기하고 나서 책을 보는 분들이 많은데 먼저 책을 읽고 모르는 단어가 무슨 뜻인지 유추해 보고 난 후에 단어장을 보는 것이 단어 암기에 더 도움이 된다. 어린이 책은 어려운 단어가 등장했을 때 단어 뜻을 친절하게 저자가 설명해 주는 경우가 많다. 예를 들어 슈리스 미라클 하퍼^{Charise Mericle Harper}의 『Just Grace(번역서 없음)』에 다음과 같은 문장이 나온다.

Dad says that feeling people's sadness is called <u>empathy</u>.

이 책을 읽는 대부분의 아이들은 'empathy'의 뜻을 모를 것이다. 이 책의 권장 나이는 만 6~9세이기 때문이다. 문장을 보면 알겠지만 작가는 친절하게 'empathy'의 뜻이 'feeling people's sadness'라고 알려준다. 『Just Grace』를 읽으면 이런 식으로 'empathy'란 단어를 유추하며 배우게 된다. 책 안에는 'empathy'란 단어가 셀 수 없이 자주 등장하지만 한 권을 다 읽더라도 우리 아이는 'empathy'를 기억을 못 할 수도 있다. 하지만 괜찮다. 왜냐하면 『Just Grace』는 시리즈 책이고 12권이나 있다. 분명 전체 시리즈를 읽고 나면 'empathy'란 뜻을 기억할 가능성이 매우 높다. 아이들이 독서를 통해 영어를 배우면 이런 식으로 어휘력이 자연스럽게 향상된다.

실력별 단어 공부 방법

초기 단계

단어를 익히는 것은 두 가지 방식이 있다. 하나는 단어를 그 뜻과 매칭해 인지하는 것이고, 다른 하나는 단어의 올바른 철자spelling를 아는 것이다. 이를 모두 아는 것이야말로 제대로 단어를 안다고 할 수 있다. 이 두 가지 모두 다 자연스럽게 익히는 방법이 있다. 우선, 단어와 그 뜻을 잘 매칭하는 방법은 단어와 그 뜻이 잘 매칭된 표현이 있는 그림책을 읽는 것이다. 다음으로 철자를 잘 익히는 방법은 파닉스 규칙을 꼼꼼히 습득한 후 아이가 성장하면서 영어의 어원을 공부하고 독특한 규칙을 가지고 있는 단어를 따로 보는 것이다.

위에 언급한 단어 익히는 과정은 아이의 나이와 수준에 따라 다르다. 아이가 유치부생인데 단어 스펠링을 외우게 하는 건 시간 낭비이다. 이 때는 단어의 의미를 많이 소개해 주는 다양한 책들을 읽는 것이 더 효과적이다. 먼저 인지하는 단어가 많아진 후, 파닉스 규칙을 배우면 다독을 통해 저절로 알게 된 단어 철자가 70%정도 되기 때문에 파닉스를 훨씬 더 수월하게 학습할 수 있다. 책에 나오는 아이 수준의 단어는 대부분 비슷하므로 노출 빈도수가 높은 단어들은 저절로 알게 된다.

아이가 단어를 익히는 초기 단계일 때는 처음부터 영단어의 뜻을 하나씩 암기하지 말고, 그림책의 장면과 단어를 매칭해 가며 자연스럽게 접하도록 해야 한다. 그림책에는 'I Love You', 'Mom', 'Mommy', 'Daddy' 이런 표현이 자주 등장한다. 아이가 영어로 무슨 말인지는 몰라도 책 안에 등장인물이 엄마, 아빠, 아이라는 것을 알 수 있다. 또는 기차를 타고 여행을 떠나는 장면을 통해 기차 그림을 볼 것이고, 'train'이란 단어를 들으며 자연스럽게 기차와 'train'을 매칭하게 된다. 그래서 책을 많이 읽은 아이는 길을 가다 기차를 보고 'train'이란 말을 하는 것이다. 아이를 키우다 보면 '아니, 이런 말은 어디서 배웠지?'라는 생각이 들 때가 있다. 아이는 책을 통해 자연스럽게 단어와 문장들을 인지하게 된 것이다.

초기 단계에서는 단어의 스펠링은 중요하지 않다. 단어의 스펠링을 안다고 그 단어를 온전히 안다고 할 수 없기 때문이다. 아이에게 영단어 'apple'에는 p가 2개가 있다는 것을 알려주려고 한다면 'apple'에 관한 책을 보여 주면 된다. 책을 통해서 아이는 'apple'이 'fruit'의 일부이며, 전 세계에는 다양한 품종의 사과가 있고, 사과가 인체에 어떤 영향을 주는지에 대해서 알게 된다. 다독을 통해서 'apple'을 많이 접하게 되면 'apple of your eye(눈에 넣어도 아프지 않은 존재)'의 뜻을 알 수 있고, 이 단어가 아담과 이브 이야기 중 유혹의 아이템인 'forbidden fruit(금단의 열매)'을 상징한다는 것도 알 수 있다. Apple사 덕분에 이 단어를 일상에서도 쉽게 접할 수 있기 때문에 굳이 시간을 내어 철자를 암기할 필요도 없다. apple에 p가 2개인지 1개인지는 자주 보다 보면 충분히 배울 수 있다. 하나의 단어에 존재하는 의미가 다양하기에 오히려 스펠링을 외우는 시간에 다양한 책의 문장과 상황을 만날 수 있게 해 주면 잠재의식 속에 이러한 단어들이 차곡차곡 쌓여갈 것이다. 이것이 가장 효과적이고 시간을 절약하는 교육 방법이다.

그렇다고 스펠링 공부를 아예 하지 말라는 것이 아니다. 당연히 명확한 스펠링은 언젠간 알아야 한다. 하지만 부모와의 대화나 영어책 읽기를 통해서 먼저 접하게 된 단어는 나중에 스펠링을 제대로 학습할 때도 훨씬 빨리 암기할 수 있다. 우선 다독이 영단어 암기보다 먼저 시작되어야 한다.

중상위급 단계

독서를 통해 단어와 문장이 많이 노출되었다고 판단될 때가 되면 이제는 조금씩 학습의 범위를 확장해야 한다. 다음은 중상위급 단계에서 단어를 학습하는 방법이다.

1. 나만의 단어장 만들기

책에 나온 단어를 아이 스스로 찾고 해당 단어를 기록하는 방식이다. 시중에 판매되고 있는 단어장을 보는 것보다 훨씬 더 좋은 방법이며 기억에도 오래 남는다. 사전을 찾아보는 행위 차제가 그냥 눈으로 훑어보는 것보다 기억에 오래 남는다. 이때 단어를 이미지화하여 그림을 그리며 기억하면 도움이 된다. 예를 들어 'scar'라는 단어의 뜻을 모를 때, 'scar = 상처'라고 외우기보단 'scar' 옆에 '상처 난 얼굴'을 그리며 기억할 수도 있다. 장기적으로 단어를 이미지화시켜서 습득하길 추천한다.

2. 나만의 문장을 만들며 기억하기

어떤 단어든 오래 기억하기 위해서 나만의 문장을 만들어 보고 사용해 봐야 한다. 특히 우리말로 직역해서 외우지 않는 것이 중요하다. 우리말로 번역해 암기하는 것은 좋은 방법이 아니다. 예를 들어 'interesting(흥미로운)'이라고 쓰고 뜻을 외우는 건 큰 의미가 없다. 'This book is interesting.(이 책은 흥미롭다.)' 이런 식으로 문장을 만들어 활용해야 한다. 그래야 나중에 단어를 적시적소에 사용할 수 있다. 예를 들어, 'rim of glass'란 문장을 책을 통해 봤고 새로운 단어인 'rim'을 배웠다고 하자. 'rim = 가장자리'라고 외우는 것이 아니라, 물건을 만져 보면서 'rim of cup', 'rim of bowl' 이런 식으로 활용해야 나중에 'rim'이란 단어를 자연스럽게 사용할 수 있다.

3. 단어는 종이 사전으로 찾고 단어 발음은 음성으로 듣기

예전에는 사전에서 단어의 발음 기호를 보고 발음하는 방법을 배웠다. 하지만 이제는 점점 발음 기호에 대해서 가르쳐 주지 않고 있다. 간단히 스마트폰으로 단어만 검색하면 거의 모든 단어의 발음을 들을 수 있다. 요즘은 단어를 듣고 따라 말하는 방식으로 공부한다. 발음 기호를 해독하며 발음을 유추할 필요가 없어 더 정확하게 배울 수 있다. 그래서 쉽고 빠르게 종이 사전보다 인터넷을 통해 단어 뜻을 검색한다.

하지만 나는 종이 사전을 더 선호하고 동시에 인터넷을 통해서나 AI 구글 어시스턴트인 구글 네스트를 통해 발음을 듣는다. 인터넷을 통해 찾는 단어는 종이 사전을 통해 찾는 것보다 휘발성이 훨씬 높다. 즉 기억에 덜 남는다. 종이 사전의 책장을 넘기며 다른 단어들도 의도치 않더라도 볼 수 있고, 그 과정을 통해 계속 해당 단어를 기억하려 노력하기 때문에 종이 사전을 이용해 찾은 단어들이 더 기억에 오래 남는다. 단어를 꼭 들어봐야 하는 이유는 내가 생각한 발음이 실제 발음과 다를 수 있기 때문이다. 단어를 새롭게 배울 때 제대로 된 발음을 매번 듣는 습관을 지녀야 발음 및 어휘력 확장에 도움이 된다.

▶ 인터넷 사전 검색 사이트

구글에서는 찾고자 하는 단어 뒤에 'meaning' 또는 'definition', 또는 단어 앞에 'define'이라고 작성하여 검색한다. 예를 들어 'symbolism meaning'을 찾아보자. 앞에 있는 스피커를 클릭하면 바로 발음을 들을 수 있다. 단어 중간중간에 중간 점으로 표기되어 있는데 그것은 음절을 뜻한다.

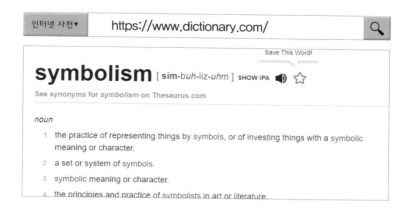

그 다음으로 dictionary.com이 있다. 구글과 비슷하게 단어의 뜻을 알려주지만, 구글에서 주는 정보보다 훨씬 더 자세하고 다양한 뜻을 알려준다. 이 사이트를 즐겨 사용하는 이유는 유의어 사전이 연동되어 있어 확장된 정보를 얻기에 좋기 때문이다.

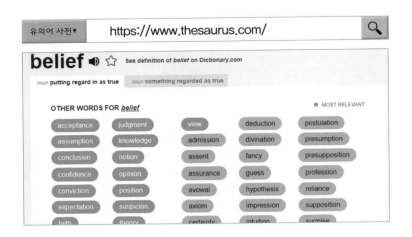

thesaurus.com은 유의어와 반대어를 함께 찾을 때 유용하다. dictionary.com과 서로 연동이 되어 단어를 쉽게 알아볼 수 있고, 구글에서 주는 정보보다 훨씬 더 자세하고 다양한 뜻을 알려준다. 유의어 사전을 찾아볼 때 해당 단어와 관계성이 얼마나 높은지를 포함하여 보여주기 때문에 응용하는 데 좋다. 즉, 진짜 대신 사용할 수 있는 단어인지 아닌지 좀 더 명확하게 식별할 수 있다. 회원 가입을 하면 자주 찾는 단어들을 관리할 수 있고 차후에 플래시카드나 학습 기능을 활용할 수 있다. 단점으로 너무 광고성 배너가 많다.

　유글리시는 원하는 발음이 미국US, 영국UK, 호주AUS로 나뉘어 있고, 전체ALL로도 검색할 수 있다. 'Say it!'을 클릭하면 다양한 사람들의 해당 단어가 포함된 문장을 들을 수 있다. 영상을 자막과 함께 보여 주고 검색한 단어가 하이라이트가 되어 있다. 상당히 많은 데이터를 보유하고 있으므로 영어 사전에서 나오는 기계음을 통해 듣는 것보다 실생활 대화 안에서 단어를 들어볼 수 있어 좋다. 'interesting' 같은 경우는 214,866개의 영상을 통해 들을 수 있으며 시간이 지날수록 이 데이터 수는 늘어날 것이다.

4. 단어의 음절 보기 연습하기

단어를 볼 때 파닉스와 연계하여 지도하는 것이 좋다. 처음 파닉스를 배울 때 자음과 모음을 구분하여 합치는 연습을 했다. 그러면서 따로 암기 없이 소리 나는 대로 철자를 작성하게 하거나 읽게 하였다. 다음 단계는 단어를 볼 때 아이에게 음절syllables을 끊는 연습을 시켰다. 예를 들어 아래와 같은 단어들의 음절의 수를 파악하게 하는 것이다. 아이들에게 음절마다 손뼉을 치도록 지도하며 음절을 끊는 방법을 알려 주었다. 음절을 끊을 줄 안다면 단어 철자를 더 쉽게 배우고 발음을 구사할 수 있다.

lake	1음절
pa-per	2음절
en-er-gy	3음절
cal-cu-la-tor	4음절
com-mu-ni-ca-tion	5음절
re-spon-si-bil-i-ty	6음절

80% 이상의 영어 단어가 1개 이상의 음절을 가지고 있다. 문자의 개수가 길면 길수록 기억하기도 발음하기도 어렵다. 단어를 통째로 기억하려 하거나 문자 하나하나를 기억하는 것보다 음절로 끊어서 철자를 익힐수 있도록 지도해야 불필요한 철자 암기 시간을 단축할 수 있다.

5. 어원 공부

많은 영어 단어가 라틴어나 고대 그리스어를 기반으로 형성되어 있다. 우리나라 말도 한자를 알면 새로운 단어를 보더라도 어떤 뜻이겠다는 감을 잡을 수 있을 때가 많다. 영어도 그러하다. 어근, 접두사, 접미사를 배움으로써 처음 보는 단어더라도 대략 감을 잡는 능력을 키우는 것이 바로 어원을 공부하는 것이다. 시중에 어원과 관련된 교재와 도서가 많이 있으니 아이가 원하는 디자인으로 고르는 것을 추천한다. 세계사 공부를 『교양 있는 우리 아이를 위한 세계 역사 이야기The Story of the World』 원서로 진행했는데, 이 책을 통해 영어 어원에 대해 자연스럽게 배울 수 있었다. 어원에 대한 소재를 다룬 책도 아이와 함께 보았다. 아래는 이와 관련된 추천 도서이다.

걸어 다니는 어원사전 / 마크 포사이스 / 윌북
이야기 인문학 / 조승연 / 김영사

플래시카드Flashcard는 앞장에는 단어를 쓰고 뒷장에는 이미지나 뜻, 문장을 작성해서 직접 카드를 만들어 쓰고 그리는 작업을 통해 단어를 장기적으로 기억할 수 있게 한다. 고전적인 방법으로 단어를 공부하는 것인데 플래시카드를 만드는 행위 자체가 재미있어 단어 카드를 만든다는 아이들도 종종 보았다. 이때, 1번의 방법처럼 나만의 단어장을 만들 때 형식이 카드일 뿐, 결국 그냥 사전을 통째로 베껴 쓰는 것이 아니라 나만의 사전으로 만들려고 노력하면 할수록 더 기억에 오래 남는다. 도식화시키려 노력하기를 장려한다.

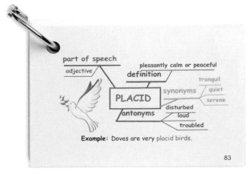

플래시 카드 예시

7. 퀴즐렛 사용

퀴즐렛Quizlet이란 앱을 통해 플래시카드를 만들 수 있고 다른 사람이 만든 단어장을 마음껏 활용할 수도 있다. 단어 정리뿐 아니라 암기까지 이어질 수 있도록 도움을 주는 앱이다. 지금까지 언급한 방법 중 가장 덜 추천하는 방법인데 실제 활용을 해 본 적이 있지만, 효과는 역시 아날로

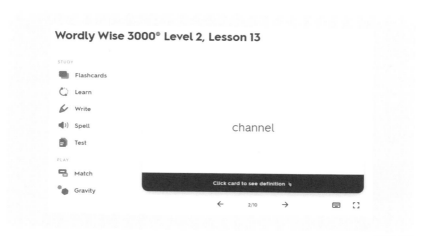

그 방식이 좋았다. 재미 삼아 아이와 퀴즈 풀 듯 활용하는 데엔 문제가 없어 보인다. 『Wordly Wise 3000』 교재를 퀴즐렛과 함께 적절하게 조율하며 활용하고 있다. 단어장은 결국 직접 만드는 것이 가장 효과적이다.

8. 어휘 문제집 활용

단어에 관한 교재는 정말 많다. 문제집 활용은 자기만족을 위해서 좀 더 편의성을 위해 사용한다. 단어 문제집을 활용해서 어휘 실력을 향상한다기보다 또래 학년에 자주 등장하는 단어를 교재를 통해 만나 독서를 할 때 어디선가 보았던 단어를 알아차리는 데 도움을 주기 위함이다. 더불어 문장을 통해 알게 되는 하나의 뜻뿐 아니라 다른 뜻도 있을 수 있다는 것을 함께 배울 수 있어 단어 문제집 교재를 활용한다.

단어를 잘 외우는 방법은 하루에 엄청난 양을 몇 시간씩 외우는 것이 아니라 매일 틈틈이 시간마다 보는 것이다. 예를 들어 하루에 단어 5개 습득하기를 목표했다면 정말 매일 자주 그 단어를 봐야 한다. '하루에 많은 단어를 완벽하게 외워야겠어!'란 목표보단 수시로 그냥 지나가며 한 번 쓱 보고, 생각하고, 사용하려 노력해야 한다. 결국 계속 사용하고 노출해야 기억에도 오래 남는다. 단어만 외우는 것은 큰 의미가 없다. 독서를 통해 그 단어가 다양한 장소에서 다양한 캐릭터들과 저자에게 어떻게 사용되는지를 확인하고, 나 역시 공을 들여 사용해 보려 노력해야 한다. 실제 사용을 할 수 있는 진정한 나의 단어 창고를 가득 채우려면 단어만 외어서는 안 된다.

문장을 음성으로 읽어 주는 사이트 TTS 서비스

단어 하나하나를 검색해서 발음을 찾기 어려울 때 문장 전체를 넣어 읽게 할 수 있는 기능을 활용할 수 있다. TTS^{Text-to-Speech} 서비스인데 상자 안에 문장을 입력하고 'Say it'을 누르거나 마이크 표기 아이콘을 누르면 실제 성우들이 말하는 정도의 수준은 아니더라도 개별 단어들은 정확하게 들을 수 있다. 다소 긴 문장의 발음이 필요할 때 사용하기 편리하다. 이 중 1~3번은 TTS뿐 아니라 번역기로도 활용할 수 있다. 현재 TTS 서비스는 다음 리스트 외에 많은 곳에서 서비스 제공을 한다.

추천 사이트

1. Google 번역기　　　　　https://translate.google.com/
2. 네이버 파파고 번역기　　https://papago.naver.com/
3. 카카오 i 번역　　　　　　https://translate.kakao.com/
4. Oddcast　　　　　　　　https://ttsdemo.com/
5. Readspeaker　　　　　　https://www.readspeaker.com/

교재 200%
활용 방법

 교재 활용

    다양한 장르의 독서 활동을 통해 배경지식을 쌓는 것이 중요하지만, 독서에서 놓칠 수 있는 부분을 교재를 통해서 보강할 수 있다. 교재를 통해 어떻게 현명하게 배울 수 있는지에 대한 고민을 해야 한다. 부모는 단어를 외우고 시험을 봐서 100점인지 90점인지 확인하는 방식으로 공부해야만 정말 공부를 했다고 생각을 한다. 그래서 이 굴레를 벗어나지 못하는 것 같다. 아이가 학업적으로 전환을 해야 하는 시기에 독서와 영어 교재를 적절히 섞어서 사용하면 된다. 독서는 하면 할수록 영어 실력이

향상될 것이고 다양한 교재를 통해 문법이나 어휘력 향상, 글쓰기 연습을 하며 실력을 체계적으로 향상시킬 수 있다.

◎ 교재 선정 시 고려할 점

엄마표 영어 교육을 진행할 때 책 다음으로 신중하게 고려하고 선택하는 것이 바로 교재이다. 아이의 영어 수준을 단계적으로 관리할 수 있고, 질의응답을 통해 소크라테스식 공부를 할 수 있다. 교재를 활용해서 스스로 자기 자신을 가르칠 수 있는 아이로 성장할 수 있도록 하는 것이 목표이다. 내가 교재를 선택할 때 고려하는 부분은 7가지이다.

① 아이가 스스로 할 수 있는 형식으로 구현된 교재

② 지적 호기심을 자극하는 교재 (기사, 이야기, 그림 등 배경 지식을 확산시킬 수 있는 내용)

③ 영어란 언어를 가르치기 위한 교재가 아니라 영어란 언어로 지식을 제공하는 교재 (문법 교재도 글쓰기를 함께 배울 수 있는 형태의 교재를 선호)

④ 영어로만 노출된 교재

⑤ 단계별로 올라갈 수 있는 시리즈

⑥ 가성비가 좋은 교재

⑦ 아이가 하고 싶다고 선택한 교재

🎯 추천 교재

교재로 추천할 만한 도서를 정리해 보았다. 미국에서 거주하는 친구들의 추천 교재도 있고 개인적으로 선호하는 교재도 있다. 꼭 이 교재를 사용할 필요는 없고, 아이에게 맞는 적절한 교재를 찾는 것이 가장 중요하다는 것을 명심하자.

● 파닉스 교재

1. Brain Quest
2. Scholastic 100 Words Kids Need to Read
3. Spectrum Phonics
4. Reading Stars Dora the explorer

● 단어

1. Wordly Wise 3000
2. Spectrum Vocabulary
3. Vocabulary Workshop
4. Evan Moor Spelling

● 문법

1. Spectrum Language Arts
2. Great Writing Foundations
3. Grammar for Great Writing
4. Scholastic Success with Grammar

● 독해

 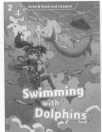  

1. Oxford Read and Discover
2. Oxford Read and Imagine
3. Dominoes
4. Reading Explorer
5. 21st Century Reading
6. The Story of the World
7. Spectrum Reading
8. Spectrum Science

● 영작

1. Spectrum Writing
2. Great Writing
3. Scholastic Success with Writing
4. Writing Framework for Essay Writing

● 기타

 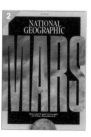  

1. Awesome Science Experiments for Kids
2. National Geographic Magazine
3. NE Times Newspaper
4. Brain Quest Card

🎯 영어 실력 향상을 위해 반드시 지켜야 하는 것

우리는 영어의 중요성을 너무 집중해 생각하다 정작 중요한 것이 무엇인지를 잊을 때가 있다. 바로 우리말을 잘해야 영어를 잘한다는 것이다. 우리말도 제대로 하지 못하는 아이에게 영어를 강요하고 있지는 않은지 생각해 보자.

만 3~6세의 유아기는 종합적 사고와 인간성, 도덕성 기능을 담당하는 전두엽이 발달하는 시기이다. 즉 이를 중심으로 교육을 해야 하는데 너무 과도한 영어 교육에만 집중한다면 부작용을 초래할 수 있다. 유치부 아이에게 중학교 1학년 수준의 난이도를 가르치는 우스운 일이 주변에서 일어나고 있다. 아이는 아이답게 아이의 정서에 맞는 교육을 받아야 한다.

영어를 잘하는 방법은 하루라도 더 빨리 영어 공부를 시작 하는 것이 아니라 재미있는 놀이와 환경에 꾸준히 지속해서 노출되는 것이다. 공부로 접근하는 것보단 놀이가 우선이다. 꼭 무언가를 배울 때 학습을 해야만 제대로 습득할 수 있다는 인식을 버려야 한다. 오히려 학습적으로 접근하는 것보다 지적 호기심을 적절하게 자극하고 편하게 놀이하듯 해야 더 좋은 성과를 얻을 수 있다. 파닉스를 아는지 모르는지, 『해리 포터』를 읽을 수 있는지 없는지는 큰 의미가 없다.

아이들이 어떤 독서를 하든 문제집을 풀든 영화를 시청하든, 아이들과 끊임없이 대화하는 것이 중요하다. 일방적으로 질문하고 답을 요구하는 것보다 쌍방 토론이 더 훌륭하다. 내가 영어 실력이 부족하다면, 그 원인이 일찍부터 시작을 안 해서 못하는 것인지, 암기식으로 주입하는 교육 방식이었던 학교나 얽매이는 상황이 싫었던 것은 아닌지 우리 스스로에게 질문해 보자.

"같은 일을 하면서 다른 결과가 나오길 바라는 것은 미친 짓이다"란 아인슈타인의 명언이 있다. 본인에게도 효과가 없다고 느꼈던 교육 방식을 본인의 아이에게 그대로 지도하고 있지는 않은지 생각해 보자. 잘못된 방식을 고수하면서 다른 결과를 기대하고 있지는 않은가? 우리 아이들이 이 시기에 진짜 배워야 하는 것이 무엇인지 생각해 보자. 아이들의 시험 성적 결과가 어떤지 렉사일 지수가 얼마나 올랐는지 물어보는 것보다 지금 읽고 있는 책의 캐릭터를 가지고 폭풍 수다를 하는 것이 훨씬 더 좋은 지도 방법이 될 것이다. 부모는 옆에서 용기를 주며 내적 동기부여를 가질 수 있도록 격려해 주고, 믿어 주는 것이야말로 아이를 위한 최고의 서포트가 아닌가 싶다. 믿어 주고 방향을 함께 고민하고 제시해 주는 것이 진정한 가정교육이라 생각한다.

이번 장에는 아이에게 필요한 영어책을 어떻게 검색하고,

구매할 것인지에 대한 정보를 수록하였다.

내가 어떤 방식으로 최신 정보를 얻는지,

어떻게 도서를 선택하는지 위주로 소개하였다.

5장

무엇을
보여 줄 것인가?

원서,
이렇게 구해 보자

🎯 책 구매 전 고려할 사항

책 정보 검색을 직접 해 본 부모라면 알겠지만, 세상에 출간된 책과 출판사의 종류가 너무 많아 검색만 해도 많은 시간이 걸린다. 좀 더 다양한 정보, 알찬 정보를 갈구하는 부모일수록 검색 시간은 늘어나고 결국 구매를 결정하기까지 힘들 수 있다. 그래서 자칫 책 정보를 검색하느라 오히려 더 중요한 것인 아이를 관찰하거나 실제 책을 읽어 주는 시간이 줄어들 수도 있다. 그래서 나는 일부러 검색하는 시간을 미리 정해 두고 그 시간에 맞춰 검색을 한다. 책을 검색하기 시작하면 이 책도 필요할 것

같고 저 책도 필요할 것 같다. 다른 집은 책이 많아서 아이들이 책을 잘 보는 것 같은데, 우리 집엔 너무 뭐가 없어서 아이들이 책을 보지 않는 것 같은 생각이 들 때도 있다. 정보를 얻기 때문에 점점 사야 할 목록이 많아지게 마련이다. 그러다 보면 어느 순간 서점의 장바구니에는 '아이가 정말 소화를 다 할 수 있을까?'란 생각이 들 정도의 양이 담겨 있다. 경제적인 측면과 집의 공간도 중요하게 고려해야 한다. 책의 양이 아이의 영어 실력에 비례하지는 않는다. 물론 집에 영어책 한 권 없는데 모국어처럼 잘하길 바라는 건 어불성설이지만 서점이나 도서관같이 책이 무조건 많이 필요하지 않다는 것을 분명히 인지해야 한다. 아이가 영어책을 읽고 싶을 때 다양하게 꺼내 볼 수 있을 정도만 있어도 충분하다. 그리고 아이는 성장하기 때문에 앞으로 새로운 책을 꾸준히 구해야 해서 초반부터 영어책을 전투적으로 구매할 필요는 없다. 아이가 성장하면 결국 아이가 원하는 취향의 책이 생길 것이다. 그때를 위해 초반에 과하게 구매하는 것은 추천하지 않는다.

이번 장에는 아이에게 필요한 영어책을 어떻게 검색하고, 구매할 것인지에 대한 정보를 수록하였다. 내가 어떤 방식으로 최신 정보를 얻는지, 어떻게 도서를 선택하는지 위주로 소개하였다. 다른 사람들의 추천 도서 리스트를 보는 것도 좋지만, 매일매일 쏟아져 나오는 신간과 필독 도서를 스스로 검색하는 방법도 알아야 한다.

🎯 영어책을 직접 찾는 방법

영어책과 친해지기 위해 도서관에 자주 다니는 것을 추천하지만, 집 근처에 영어 도서관이 없을 수 있다. 나 역시 영어 도서관을 가는 교통편이 불편해 자주 방문하지 못했다. 하지만 영어 도서관이 집 근처에 있다 하더라도 가정에 어느 정도의 영어책을 갖추는 것이 좋다. 집을 서점처럼 만들 필요는 없다. 하지만 아이의 주변에 책이 있으면 자연스럽게 책에 한 번이라도 더 보게 된다.

책을 현명하게 구매하기 위해 내가 사용하는 검색 방법을 소개한다. 우선, 인터넷 서점 사이트에 친숙해지길 추천한다. 인터넷 쇼핑몰에서 비대면으로 물건을 구매하는 것이 점점 익숙해지는 요즘이다. 책도 필요한 물건을 구매하듯 구매하면 된다. 예를 들어 필요한 물건이 '아이의 독서대'였다면 우리는 검색창에 '독서대'를 검색할 것이다. 그리고 해당 상품의 브랜드, 가격 그리고 사용 후기를 보고 마음에 드는 독서대 몇 개를 선정해서 아이에게 독서대 이미지를 보여주며 마음에 드는지 의사를 물어보고 최종적으로 구매를 결정할 것이다. 책도 비슷한 방식으로 쇼핑을 하면 된다. 모든 서점은 책을 나열하고 설명할 때 독자의 나이, 학년, 독서 지수의 정보와 리뷰를 볼 수 있게 되어있다. 베스트셀러, 스테디셀러, 선생님 추천 도서, 연령별 추천 도서, MD가 추천하는 도서 등 다양한 정보가 카테고리로 나누어져 있다. 인터넷 서점에 자주 들어가야 책의 흐름을 파악할 수 있고, 자주 방문하는 인터넷 서점과 친숙해지면 우리는 어느새 책 큐레이터가 될 정도로 책 정보에 빠삭해질 것이다.

추천 사이트

- **해외**: 아마존, 굿리즈, 구글 북스
- **국내**: 웬디북, 동방북스, 잉글리쉬플러스, 언어세상, yes24, 쿠팡
- **중고서점**: 개똥이네, 알라딘 중고서점

1. 아마존

가장 대표적인 사이트인 아마존에서 베스트셀러, 아동 도서, 이 달의 최고의 책, MD 추천 책, 상 받은 책, 높은 점수를 부여받은 책, 나이 별 추천 도서 등 다양한 최신 정보를 얻을 수 있다.

2. 굿리즈

아마존이 책을 판매하는 데 집중되어 있다면 굿리즈^{goodreads}는 리뷰
에 집중되어 있다. 다른 독자들의 솔직한 리뷰를 얻고 싶다면 굿리즈를
추천한다. 베스트셀러 목록이나 추천하는 책이 아마존과 상이한 부분
이 있어 정보를 교차 점검하기 좋다. 굿리즈 자체 내에서 'Goodreads
Choice Award'를 발표하는데 이 상은 실제 독자들이 투표한 결과이기
때문에 작가에게 영광스러운 상이다. 마케팅의 힘으로 베스트셀러 반열
에 잠시 오를 수 있을 순 있지만, 실제 독자의 평점은 마케팅으로 만들어
내기 어렵기에 더 믿음이 간다. 매년 좋은 책을 투표하기에 각 년도마다
베스트셀러가 무엇인지 현지 아이들 사이에 인기 있는 책이 무엇인지 알
수 있다.

⊚ 오디오 음원 구하는 방법

청독을 위해 음원을 구하는 방법을 소개한다. 빠른 기술 발전으로 인해 점점 CD가 사라지는 추세이다. 컴퓨터를 구매할 시 이제는 CD 재생 기기가 포함되지 않는다. 여전히 시중에 CD를 판매하고 있지만, 출판사에 쌓여있는 CD 재고가 소진되면 머지않아, 음원을 구매할 때 CD가 아니라 코드를 동봉해서 줄 것으로 예상한다.

1. 음원 코드 구매

최근에 구매한 책들은 대부분 CD가 아니라 코드를 제공한다. 책 구매할 때 안에 시리얼 번호 코드가 담긴 카드가 동봉되어 있다. ORD와 ORI, Dominoes와 Oxford Bookworms Library 모두 코드를 준다. 또는 QR 코드를 통해 음원을 제공하는 책도 늘어나고 있다.

도서 음원 제공 QR코드 / 시리얼넘버 코드

2. CD

책과 함께 CD를 구매하거나 도서관에서 CD를 빌릴 수 있다. 모든 책에 CD가 있는 것은 아니지만 여전히 CD를 같이 제공하는 책이 있다. 나는 특히 도서관에서 CD를 자주 빌려 들려주곤 했다.

3. 아마존 오더블

오더블audible은 가장 많은 음원을 보유하고 있으며, 크레딧credit이라는 용어를 사용한다. 하나의 크레딧으로 책 한 권을 살 수 있다. 회원제로 운영이 되며 비용을 매달 지불할 수도 있고, 일 년에 한 번 지불할 수도 있다. 일 년에 12크레딧과 24크레딧을 선택할 수 있고, 이후에 구매하는 음원은 일정 부분 할인해 주는 방식으로 운영한다.

4. 스토리텔

오더블과 달리 스토리텔Storytel은 음원을 구매하는 것이 아니라 서비스 이용권을 구매하는 것이다. 이용권을 구매하여 구독을 하면 무제한으로 음원을 들을 수 있고 원서뿐만 아니라 국내 도서의 음원도 제공한다. 서비스가 종료되면 오더블처럼 음원을 소장하는 것이 아니기 때문에 다시 들을 수는 없다. 하지만 무제한이라는 부분이 매우 매력적이다.

02

슬기롭게
미디어를 활용하는 방법

🎯 미디어 활용 방법과 종류

1. 유튜브 통해 필요한 도서의 음원 찾기

온라인에서 저작권의 허락 없이 개인적으로 책을 읽어 주는 행위는 불법이다. 이를 제대로 모르고 시작한 유튜버들이 하루아침에 사라진 자신의 채널을 보며 망연자실해 하는 경우가 있다. 법적인 문제를 크게 고민하지 않고 '책만 읽어 줘도 돈을 벌 수 있다고?' 하면서 책을 읽는 채널들이 무수히 많다. 이런 상황을 악용하는 것은 그렇지만 유튜브에 올라온 책 읽는 채널을 당분간만이라도 활용할 수 있을 듯싶다. 만약 읽고자 하는 책이 있으면 책 제목 뒤에 'audiobook' 또는 'read aloud'라고 검색하면 된다. 주의해야 하는 점은 전문가가 녹음 환경이 갖춰진 상태에서 읽어 주는 것이 아니라 자유롭게 읽는 경우가 더 많아서 음질 상태가 나쁠 수도 있다. 좋은 발음과 명확한 전달력을 얻기 위해 유튜브를 활용하는 것인데 오히려 반대의 경우가 발생할 수 있다. 이럴 땐 유튜브 채널 크기, 조회 수, 좋아요 클릭 수, 그리고 설명란에 영상 용도에 대해 기재한 내용을 본다. 항상 그렇지는 않지만, 채널의 '정보About'를 들어가면 어느 지역에 거주하는지 등 자기소개를 적어 놓는 이들도 있다. 이때 내가 선호하는 국가는 미국, 캐나다, 또는 영국이다. 호주나 뉴질랜드 영어 발음에 독특한 악센트가 있으므로 익숙하지 않은 발음이라 생각되어 익숙한 미국식 영어를 선호하는 편이다. 물론 아래 사이트처럼 출판사와 협업해서 책을 읽어 주는 채널도 있다.

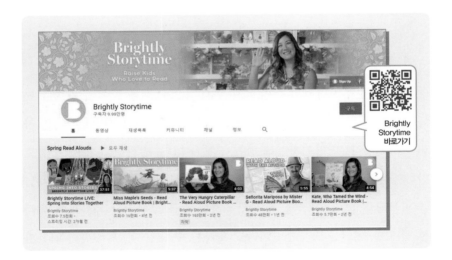

2. 유튜브 출판사 채널 활용

저작권에 문제가 없는 영상을 찾는 가장 좋은 방법은 유튜브 출판사 채널을 활용하는 것이다. 세계적으로 유명한 출판사들은 대부분 유튜브 채널이 있고, 콘텐츠 중 저자가 직접 읽어 주는 영상을 볼 수 있는 좋은 기회가 많다. 대표적으로 펭귄 랜덤 하우스Penguin Random House 채널이 있고 채널featured channels 을 통해 자회사들을 확인할 수 있다. 물론 책의 음원이 많이 올라와 있는 것은 아니지만 책을 어떻게 집필하는지 오디오북 녹음은 어떻게 하는지에 대해 알 수 있는 흥미로운 영상이 많이 있다.

책 소개나 오디오북 성우의 목소리를 미리 확인할 수 있고, 저자와의 인터뷰 또한 좋은 정보이다. 아이에게 책을 소개할 때, 이런 출판사 채널의 책 소개 트레일러를 통해 흥미를 더 끌 수 있다. 좋아하는 책의 저자와 인터뷰하는 모습은 책과 긍정적인 관계를 맺고 팬심이 생길 수도 있다.

　　책과 좀 더 연계한 추억 만들고자 종종 출판사 채널을 방문해서 책에 관한 관심을 지속할 수 있게 해준다. 펭귄 랜덤하우스 출판사에서 어떻게 출판업의 과정을 소개하는 영상도 매우 흥미롭게 볼 수 있다.

3. 유익한 유튜브 추천 영상 채널

1. Alphablocks

26개의 알파벳 친구들이 손을 잡으면 소리가 합쳐지며 단어가 형성된다. 자연스럽게 파닉스 규칙을 알게 되는 교육적인 프로그램이다. 다만, BBC 영국에서 만들어져 영국식 발음으로 인해 모음이 완전히 달리 발음되는 미국식 발음으로 파닉스를 배울 때 혼동을 줄 수도 있다.

2. Numberblock

숫자에 대한 개념을 쉽고 재미있게 표현한다. BBC에서 제작된 프로그램이라 영국식 발음을 접할 수 있다. 아이들이 수학을 재미있게 받아들일 수 있다.

3. Crash Course Kids

과학을 직관적으로 쉽게 설명해주어 수업 시간에 종종 유용하게 활용되는 영상이다.

4. National Geographic Kids

자연, 동물, 과학 등의 주제로 짧은 영상을 통해 여행을 하고 세계를 탐험할 수 있는 어린이를 위한 프로그램이다.

5. 내셔널 지오그래픽 National Geographic

주변의 세계에 대한 정보를 생생한 영상을 통해 접할 수 있다. 어른을 위한 프로그램이지만 과학적 견해가 깊은 아이들은 키즈 채널뿐 아니라 본 영상도 흥미롭게 볼 수 있다.

6. NASA

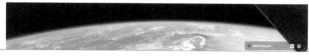

미국의 비군사적 우주개발 활동의 주체가 되는 정부기관에서 운영하는 사이트이다. 유튜브 채널에 유익한 정보나 흥미유발 영상이 많다.

7. SpaceX

SpaceX는 일론 머스크 Elon Musk가 설립한 미국의 민간 우주기업이다. 재사용 가능한 로켓과 발사 시스템을 개발해 우주 비행 비용을 대폭 절감하는 데 성공하고 우주 탐사기술을 실현해나가는 기업이다.

8. Storyline Online

유명한 배우, 작가들이 그림책을 읽어주는 사이트이다. 각 비디오에 그림을 바탕으로 한 애니메이션이 포함되어 있다. 책에 대한 활동 정보, 보충 교육 자료를 얻고 싶으면 아래 링크로 들어가 해당 책의 'Activity Guides'를 통해 얻을 수 있다.

9. Free School

아이들이 쉽게 접근할 수 있는 방식으로 유명한 예술, 클래식 음악, 아동문학, 자연과학에 대한 영상이 가득한 채널이다.

10. SciShow Kids

아이들의 끊임없는 "왜?"에 대해 답해주는 것을 목표로 한 채널이라고 한다. 아이들 눈높이에 맞추어 쉽고 재미있는 과학실험을 통해 설명하는 영상이 많다.

11. Kids Academy

아이들 동요, 사회, 동화 이야기, 과학실험, 역사, 수학에 체스 두는 방법까지 다양한 교육 내용이 있는 채널이다.

12. ABCmouse.com Early Learning Academy

초기 학습자를 위한 프로그램이 가득하다. 교육용 노래, 공예, 활동 등 많은 내용이 포함되어 있다.

13. It's Okay To Be Smart

이 채널은 자신을 '매우 기이한 우주의 호기심 많은 원자 집단'이라고 묘사하는 박사 조 핸슨이 만들었다. "내 개는 내가 무슨 생각을 하는지 알고 있을까?", "거대한 태평양 문어와의 데이트" 등 많은 영상이 있다.

14. The Infographics Show

놀라운 사람들, 사건, 미스터리 등 다양한 이야기를 흥미로운 영상이 가득한 채널이다.

15. Simple History

역사를 생생하게 보여주는 채널이다. 역사 도서를 읽고 해당 영상을 보는 것도 교육적일 것 같다.

16. Crash Course

화학, 문학, 철학 등 다양한 과목이 심화 과정까지 포함된 교육 유튜브 채널이다. 교육적으로 특히 도움이 많이 된다.

17. TED

TED Talks에서 어린이와 청소년이 관심을 갖는 매력적인 주제를 모은 채널이다. 다양한 내용이 담겨 있어 성장하는 청소년들에게 좋은 강연이 많다. TED-Ed도 추천한다.

18. The Brain Scoop

시카고 필드 박물관 The Field Museum에서 일하는 에밀리와 함께 자연사 박물관에서 근무하는 기분이 드는, 혹은 견학을 온 것과 같은 다양한 영상이 담겨있는 채널이다.

19. Biography

역사적 인물부터 현재의 정치 지도자, 작가, 예술가까지 많은 사람들을 영상 통해 만날 수 있다. 인물 위인전을 읽고 영상을 찾아서 시청하는 것을 추천한다.

20. Numberphile

수학을 좋아하는 아이들이 정말 흥미롭게 생각할 수 있는 채널이다. 황금 비율, 소수, 파이 등 숫자와 관련된 많은 이야기가 담겨있다.

4. 노래

아기 때부터 영어 동요를 수시로 틀어놨다. 예전에는 영어 동요 CD를 구매했었는데 요즘엔 그냥 유튜브 검색을 통해 동요를 찾아 듣는다. 영상 시청을 몇 번 허락한 적은 있지만, 보통 라디오처럼 활용했고, 그렇게 하시길 추천 드린다. 될 수 있으면 미디어 노출을 최소한으로 하는 것이 좋다.

5. 영화

영화 시청은 영어 학습으로 생각하지 않고 가끔 즐기는 문화로 생각하며 이벤트성으로 진행했다. 〈겨울왕국Frozen〉이나 〈바다 탐험대 옥토넛Octonaut〉 정도는 가끔 보여 주기도 한다. 물론 미디어 시청을 통해 아이들의 귀가 트일 수도 있고 영어에 대한 거부감이 덜 생길 수도 있지만, 이것은 청독, 다독으로도 충분히 가능하다. 한참 뇌 발달을 하고 있을 아이들에게 영어 교육을 목적으로 영상을 보여 주는 것을 학습이라 생각하지 않는다.

미디어 기기의 과다 이용과 뇌 발달을 관련하여 전문가들은 과도한 미디어 이용은 빠르고 강한 자극에는 반응하지만 작은 자극에는 반응하지 않는 팝콘 브레인popcorn-brain 현상으로 이어질 수 있음을 경고하고 있다. 자녀의 학습 및 정보 습득을 위함이라며 우리 아이들의 뇌 균형을 깨뜨리는 스크린 타임을 많은 가정에서 허용하는 추세라 이에 대한 문제점을 지적하는 연구 결과들이 나오고 있다. 유아들의 학습을 표방하는 앱이 무분별하게 개발, 보급되고 있으며 유아들이 이용하는 앱에 대한 어떤 검토도 명확하지 않은 상태에서 흥미를 중심으로 이루어진 콘텐츠들이 유아들의 성장 발달에 어떤 영향을 끼치게 될지 걱정이 된다는 논문도 있다. 그렇기 때문에 나는 영상 시청을 통한 학습 효과를 기대하지 않고 문화 체험으로 가끔 시청한다. 이런 교육 철학으로 인해 독서와 더 친하게 지내는 아이로 성장할 수 있게 되었다고 굳게 믿고 있다.

◎ 미디어 활용 시 유의할 사항

유튜브를 시청할 때 가장 많이 신경을 써야 하는 것은 유튜브 알고리즘이다. 알고리즘으로 유튜브에 오랜 시간을 소비 당하지 않게 의식하고 사용해야 한다. 처음에는 본인이 주체적으로 검색해서 영상 시청을 시작했더라도 결국 알고리즘으로 추천된 미끼 영상에 현혹되어 조종을 당하게 된다. 그러지 않기 위해 우리는 일부러 신경 써서 제지하고 노력해야 한다.

유혹과 조종에 더 자유로울 수 없는 우리 아이들에게 유튜브 사용 및 검색을 허락하기 전에 많은 대화와 현명한 사용 방법에 대해 충분히 지속적으로 대화를 나누길 추천한다. 이것은 어린이뿐만 아니라 어른도 자유롭지 않아져 정신을 단단히 붙들어 매야 할 것이다.

TV나 스마트폰과 같은 미디어는 상대적으로 일방향적이다. 언어는 쌍방향 의사소통을 주고받으며 언어가 발달한다. 하루 2시간 이상의 미디어에 노출은 아동의 언어 발달에 부정적인 영향을 미친다는 분석 결과가 나왔다. 영상만 보고 정말 영어를 마법같이 배울 수 있으면 얼마나 좋겠느냐마는 득보다 실이 더 크다는 의견이다. 지금 우리가 매일 손에 쥐고 있는 디바이스를 만든 사람들은 그들의 자녀에게 매우 제한적으로 허용한다. 이것이 시사하는 바는 무척 크다고 생각한다.

◎ 전자책 vs. 종이책

영어책을 읽는 행위는 목표 의식만 가지고는 장기적으로 하기 어렵다. '천 권 읽기', '만 권 읽기'는 어쩌면 보여 주기 식의 독서 활동일 수도 있다. 그냥 '읽다 보니 백 권이 되었다', '천 권이 되었다'와 천 권을 목표를 두고 독서 활동을 하는 건 전혀 다르다.

책은 재미있어야 계속 읽을 수 있다. 그래서 우리는 아이가 흥미를 갖는 책, 많은 이들이 읽고 감동받은 책을 아이에게 선물하려고 하는 것이다. 영어로 된 문자가 나열된 책을 읽기 훈련하듯 아이에게 보여주는 것은 독서가 아니다. 물론, 영어 읽기 훈련을 위해 따로 기획된 책이 있기는 하다. 『I Can Read』 시리즈, 『Step into Reading』 시리즈이다. 이 시리즈들은 그림책을 많이 읽어본 아이들이 드디어 읽기를 독립할 때, 책 읽기 독립 연습용으로 만들어진 책이다. 하지만, 이런 책을 추천하지 않는 독서 전문가들도 많다.

6~8개월 된 아기들에게 보여 주는 '촉감책'이라는 것이 있다. '촉감책'은 아기들의 오감발달을 위해 눈으로 보고 손으로 만지며 보는 놀이책이다. 출판사에서 이렇듯 다양한 종류의 책 스타일을 출간하는 이유는 아이들에게 다채로운 경험을 주고 책을 좋아하게 하기 위함일 것이다. 아이들이 책을 좋아하게 되는 이유를 다시 잘 생각해 보자. 혹은 어떻게 하면 책을 좋아할지에 대해 잠시 생각해 보자. 딱딱한 컴퓨터 화면에서 보이는 그림과 글자들이 나열된 책을 아이에게 권한다면 아이들이 책을 진심으로 좋아하게 될까? 그건 이미 책을 많이 좋아하고 책을 많이 접한 성인들도 하기 어려운 행동이라 생각이 든다.

가상으로 상황을 만들어 보자. 두 유치원이 있다. 두 유치원 다 '스토리 타임'이라는 수업이 있다. A 유치원에서 진행하는 수업은 아이들이 원형으로 빙그레 모여 앉고 선생님이 손에 그림 동화책을 들고 책장을 한 장 두 장 넘기며 책을 읽어준다. 아이들의 눈을 마주치며, 질문도 하고 연기까지 하며 읽어준다. B 유치원에서는 선생님이 커다란 스크린에 책 읽어주는 프로그램 영상을 띄어주고 아이들은 화면 앞에서 이야기를 듣는다. 이 프로그램은 선생님이 목이 쉰다거나 노동이 힘들게 들어가지 않기 때문에 하루 종일도 스토리 타임을 가질 수 있다. 어떤 유치원에서 교육을 받아야 조금이라도 독서에 재미를 느끼는 아이로 성장할 수 있을 확률이 더 높을 것 같은가?

어떤 언어로 작성된 책이든 간에 책은, 책이 주는 정보도 중요하겠지만, 직접 손으로 만져보고 열어보고 책장에서 꺼내도 보고, 책탑도 쌓아보고, 책을 가지고 바닥에 깔며 기차놀이도 해보고, 엄마 무릎 위에 앉아서 같이 살을 맞대어 함께 숨을 쉬며 만나야 한다. 이러한 과정은 유치원생뿐 아니라 초등학생이라도 여전히 해야 하는 과정이다. 물론 아이가 성장하면서 살을 맞대며 함께 읽는 것은 줄어들겠지만, 실제 피부로 만지는 행위가 주는 의미는 크다. 그런데 많은 부모들은 다독이 중요하다고 하니까 무조건 아무 책이든 영어로 쓰여 있으면 다 좋다고 오해하는 것 같다. 하지만 전혀 그렇지 않다. 우리나라에서 출간되는 책도 선호하는 출판사, 저자가 존재한다. 분명 나름의 등급이 존재한다는 이야기이다. 우리나라도 그러할진대 영미권은 안 그럴까? 그냥 아무 출판사, 아무 저자의 책을 "읽기만"하면 괜찮은가? 이왕이면 다홍치마라고 좀 더 현지의 어린이들이 가정에서 읽는 책을 우리 아이들에게도 보여 주고 싶지 않은가?

온라인 영어도서관에 올라온 책 목록을 살펴보면, 아마존이나 굿리즈에서 추천하는 양질의 책들을 많이 찾아보기 힘들다. 가성비로만 따졌을 때 오히려 추천받은 전집을 구매하는 것이 더 저렴할지도 모른다는 생각마저 들었다. 하지만 내가 온라인 영어도서관에 부정적인 가장 결정적인 이유는 많은 전문가들이 말했듯이 책장을 손으로 넘기며 조용히 자기만의 시간을 갖는 고전적인 책 읽기 방법이 가장 좋다고 생각하기 때문이다.

눈을 돌리기만 하면 온 사방이 화면들로 가득한 요즘이다. 이런 환경에서 군이 독서의 기쁨을 알리고 싶은 상황에서 또 하나의 화면을 아이에게 추가할 필요가 있을까. '렉사일 지수를 나타내 주니까', '풀 수 있는 퀴즈를 제공해 주고, 뭔가 관리를 해 주는 것 같아서' 그리고 '저렴해서' 등 이러한 다양한 이유로 온라인 영어 도서관을 이용하려 한다. 하지만 오히려 책과 멀어지게 하는 계기가 될 수도 있다는 점을 함께 고민하길 바란다. 절대적으로 멀어진다는 것이 아니라 멀어질 가능성에 대해 배제하면 안 된다는 경각심을 가지고 선택하시길 진심으로 당부 드리고 싶다.

다양한 기관들이 책을 읽고 아이가 제대로 이해했는지 시험을 봐서 결과를 받아야 직성이 풀리는 부모들의 심리를 잘 이용해서 시스템을 잘 구축하는 것 같다. 하지만 진짜 중요한 것을 놓치고 있고 큰 오류를 범하고 있는지도 모른다. 입장을 바꿔 누가 나한테 책을 주면서 책을 읽고 시험을 볼 것이라고 한다면, 나는 그 책을 과연 자발적으로 즐겁고 흔쾌히 읽고 싶을까? 서평을 작성하는 것을 좋아하는 나 역시 서평 작성이 의무감으로 느껴지면 하기 싫고, 심지어 책조차 읽기 싫어질 때가 있다. 그런데 어린아이들에게 모든 책을 읽고 시험을 보게 한다? 그리고 그 점수 가지고 부모가 왕왕 댄다? 어렸을 때 '원래 이렇게 해야 하나보다'고 따를 수 있지만, 깊은 내면에 책을 사랑하는 아이로 성장할까, 아니면 반감만 가득해질까? 즐겁고 자발적으로 영어책을 읽는 아이로 성장했으면 하는 바람이 있다면, 모든 강압적인 행위는 멈추시기를 권한다. 즐거움, 모험, 장난이 한데 어우러진 책 노출이나 활동에 더 집중해야 한다. 몇 권을 읽었는지 얼마나 빨리 읽었고, 레벨이 무엇이 되는 것은 정말 중요하지 않다. 만약 영어로 된 문자가 나열된 책만 읽어도 책을 좋아하는 아이로 만들 수 있다고 믿는다면 그건 직접 어떤 원서도 읽어본 적이 없는 사람이거나 그냥 책에 특별히 관심이 없는 사람이지 않을까 싶다.

　개인적으로 온라인 영어도서관 관련 유튜브 광고나 협업 제안이 들어왔지만, 개인적으로 우리 아이에게 보여 주고 싶은 책을 목록에서 몇 권 찾을 수 없어 거절한 적이 있다. 온라인이 주는 반감만으로도 주저하게 되는데 심지어 보여 주고 싶은 책마저 없었다. 위에 언급했던 '좋은 책', '우리 아이에게 보여 주고 싶은 책'의 조건에 맞는 책이 홍보하는 만큼 몇 권 되지 않았다. 아이들은 처음엔 인터넷으로 무언가를 할 수 있어 게임 같은 기분으로 신기해 하며 기웃거릴 수 있지만, 아이들이 현재 e학습터로 일 년가량 수업을 대체해서 컴퓨터를 사용해 본 결과, 온라인 수업을 신나하며 학습하는 아이는 점점 사라졌을 것이다. 좋은 책이라 추천하는 도서를 다 보기에도 시간이 부족하고, 성장할수록 점점 더 바빠지는 아이들이다. 한 권이라도 아이 마음속에 깊이 남을 책을 선물해 주길 추천한다. 책의 결말이 너무 궁금해서 잠을 마다하고 읽고 싶게 만드는 책이야말로 진정한 독서 애호가로 성장할 수 있는 원동력이 되지 않을까?

　『사라진 책의 역사Books on Fire』을 집필한 뤼시앵 폴라스트롱Lucien X. Polastron은 종이책이 아니고선 깊이 있는 사고를 할 수 없다고 주장한다. 나 역시 책에 대해 보수적인 견해를 갖고 있다. 하지만 여전히 꼭 종이책이 아니고도 다양한 매개체를 통해 문자를 읽는 활동도 여전히 유익하다고 생각하는 이들도 있다. 다양한 방법을 통해 세상을 보는 방식 또한 다양해질 수 있기 때문일 것이다. 아르헨티나 작가 호르헤 루이스 보르헤스Jorge Luis Borges는 세계는 하나의 도서관 혹은 한 권의 거대한 책이 될 것이라고 말했다. 인터넷에 대해 은유적으로 표현된 것이 아닌가 싶다. 하지만 분명한 것은 종이책 자체가 가진 능력과 효용성은 영원히 남을 것이라고 믿는 사람이 많고, 나 역시 이 의견을 지지하는 바다.

온라인으로 책 읽기가 문제가 없다고 생각하는 부모나 교육자가 있다면, 유발 하라리의 『21세기를 위한 21가지 제언』을 전자책으로 한번 읽고 간략하게 서평이나 요약을 해 보시라 요청하고 싶다. 그러면 지금 내가 어떤 메시지를 전달하려는지 이해할 것이다. 많은 분이 책을 끝까지 읽지 못하거나 전자책을 읽다가 결국 종이책 구매를 하러 장바구니를 책을 담고 있는 자신을 발견할지도 모른다.

03

아이 수준에 맞는 책은
어떻게 골라야 할까?

🎯 아이 수준에 맞는 책 고르는 방법

챕터북을 고르다 보면 RL^{Reading Level} 읽기 수준이라는 말을 접하게 된다. 미국 아마존에 들어가면 책의 수준을 소개할 때 보통 3가지를 보여준다. 독서 연령^{Reading Age (또는 Age Level)}, 렉사일 지수^{Lexile Measure}, 학년^{Grade Level}이다. 그런데 아마존 영국이나 호주로 검색하면 렉사일 지수에 대한 표기가 없다. 심지어 아마존 영국은 독서 연령만 표기한다. 우리나라 서점에서는 렉사일 지수뿐 아니라 AR지수도 함께 고려하는 추세다. 하지만 나는 렉사일 지수로도 충분하다고 생각한다.

Nate the Great

Marjorie Weinman Sharmat

Reading age 6 − 9 years
Lexile measure 340L
Grade level 1 − 4

Wings of Fire Book

Tui T. Sutherland

Reading age 8 − 12 years
Lexile measure 740L
Grade level 3 − 7

Harry Potter Book

J. K. Rowling

Reading age 9 − 12 years
Lexile measure 880L
Grade level 4 − 7

AR 지수

　AR지수 ATOS Book Level 는 미국의 르네상스 러닝 사에서 개발한 독서 학습 관리 프로그램 'Accelerated Reader'에서 제공하는 레벨이다. 각 도서에 사용된 문장의 길이와 어휘의 개수, 난이도를 종합하여 부여한 수치이다. AR 지수는 문장의 난이도를 의미할 뿐 내용을 이해하는 것에 대한 수치가 측정된 것이 아니다. 유치부터 고등 3학년(K-12) 레벨로 나누며, 예를 들어 북 레벨이 5.5의 경우 미국 현지 기준 초등학교 5학년 5개월인 아이가 읽기에 적합한 도서를 의미한다.

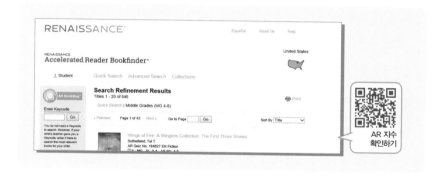

AR 지수
확인하기

렉사일 지수

렉사일 지수는 미국 메타메트릭^{MetaMetrics} 사에서 개발한 영어 읽기 능력 지수로, 현재 1억 부 이상의 도서에 부여되어 있으며 미국의 모든 50개 주 학교의 3,500만 학생들이 활용하고 있다. 지문이 길고 단어가 어려우면 렉사일 지수가 높아지고, 난이도가 낮을수록 렉사일 지수도 낮아진다. 하지만 AR 지수와 마찬가지로 책의 주제나 내용의 난이도는 반영된 것이 아니다. 렉사일 지수는 0~2,000L로 점수가 분포되어 있는데, 보

렉사일 지수
확인하기

통 자신의 렉사일 시험 점수에 -100L~+50L까지의 책을 고를 것이 좋다.

책의 렉사일 지수와 렉사일 읽기 능력 지수는 다르다. 실제 렉사일 지수를 개발한 메타메트릭스 사에서 제공하는 "렉사일 지수 테스트"란 것은 없다. 출판사나 교육기관과 협력하여 평가 결과를 렉사일 지수로 표기할 수 있도록 연결을 해 주는 것뿐이다. 그러므로 렉사일 지수는 읽기 레벨에 맞는 책을 제공하기 위함이니 지나치게 이를 맹신하거나 지수를 끌어올리려는 노력은 불필요하다.

렉사일 코드

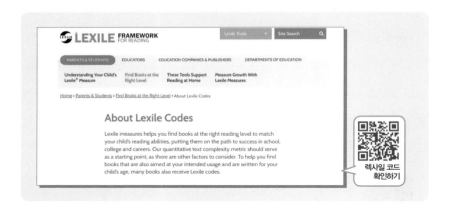

렉사일 코드
확인하기

▶ **AD** Adult Directed

아이 혼자 책을 읽기보단 선생님이나 부모가 소리내어 읽어 주길 추천하는 책이다. 보통 스토리북picture book이 여기 해당한다. 예를 들어

Where the Wild Things Are
by Maurice Sendak
Reading age 4 – 8 years
Lexile measure AD740L

모리스 샌닥^{Maurice Sendak}의 『괴물들이 사는 나라^{Where the Wild Things Are}』에서 'mischief', 'private', 'gnash' 등과 같은 어려운 단어가 나와서 부모나 교육자의 설명이 필요하기 때문에 AD740L 로 표기된다. 이 책은 영유아부터 볼 수 있다.

▶ **NC** Non−Conforming

때때로 읽기 능력이 높은 아이들은 자신에게 맞는 책을 찾는 데 어려움을 겪는다. 아이의 어휘 수준은 높지만 책 내용은 나이에 적합하지 않을 수 있기 때문이다. 예를 들어 『시모어 사이먼의 놀라운 항공기^{Seymour Simon's Amazing Aircraft}』는 NC710L로 되어 있지만, 초등학생의 전형적인 능

Seymour Simon's Amazing Aircraft
by Seymour Simon
Reading age 6 – 8 years
Lexile measure NC710L
Grade level 1 – 3

력 범위보다 높다. 대부분 1~3학년 학생들이 읽기 어려울 수 있지만, 평균 이상의 읽기 능력을 갖춘 학생들은 흥미롭게 도전할 가치가 있는 책이다. 따라서 이 책은 NC코드로 표기되지만 710L에 가까운 렉사일 지수 수준을 가진 1~3학년 학생에겐 적합하다.

> ▶ **HL** High-Low

독자의 평균 읽기 능력이 평균 범위보다 낮게 측정된 책이다. 즉 나이에 비해 상대적으로 영어 읽기 실력이 낮은 친구들이 읽을 수 있는 덜 복잡한 책이다. 예를 들어 프리커드 폴 에반스Prickard Paul Evans의 『Michael Vey: The Prisoner of Cell 25(번역서 없음)』가 그런 책이다. 책의 권장 연령이 7학년 이상이지만 렉사일 지수는 HL500L이다. 영어를 제2 외국어로 배우는 아이들은 모국어 읽기 실력은 출중한데 영어라는 언어 장벽으로 아주 어린 아이들이 읽는 쉬운 책을 읽어야 해서 흥미를 못 느낄 때가 있다. 어린이 책보단 HL 코드가 붙은 책이 좀 더 이야기에 몰입하고 흥미도 유지에 적합할 수 있다.

Michael Vey: The Prisoner of Cell 25
by Prickard Paul Evanse
Reading age 12 years and up
Lexile measure HL500L
Grade level 7 - 9

백과사전이나 용어집^{glossary} 같은 독립적인 책을 뜻한다. 특정 자료를 찾을 때 읽을 수 있는 책으로 도서관 등에서 찾아볼 수 있다. 『Cooperation』는 24쪽이고 IG530L로 표기된다.

Cooperation (Character Education)
by Marjorie Weinman Sharmat
Reading age 6 – 9 years
Lexile measure IG530L
Grade level 1 – 4

그래픽 노블이나 코믹북을 나타낸다. 이 둘을 엄밀히 다르다고 전문가들은 말하지만 둘 다 일러스트가 들어간 책이므로 GN을 표기한다. 『Dance: A Ballerina's Graphic Novel』 지수는 GN610L이다.

Dance: A Ballerina's Graphic Novel
by Siena Cherson Siegel
Reading age 8 – 14 years
Lexile measure GN610L
Grade level 3 – 9

렉사일 지수에서 유일하게 독자와 텍스트 둘 다 고려한 코드이다. 다른 코드는 모두 텍스트로만 평가한다. BR은 처음 책을 접하는 독자, 즉 렉사일 지수가 0L 미만의 수준의 책이다. 『The Berenstain Bears Bears on Wheels(Random House Books for Young Readers)』은 BR40L이다.

The Berenstain Bears Bears on Wheels
by Stan Berenstain
Reading age 4 – 6 years
Lexile measure BR40L
Grade level Preschool – 1

▶ **NP** Non-Prose

비산문, 시, 연극, 노래, 요리법, 그림이나 알파벳 단어 수록된 책이다. 이런 도서들은 렉사일 지수를 아예 매길 수 없기 때문에 NP로 표시한다. AR 지수나 Lexile 지수는 그저 숫자일 뿐 책의 주제나 내용의 난이도가 제대로 반영된 것이 아니기에 구매 여부를 결정할 때 참고만 하는 것이 좋다. '렉사일 읽기 능력 지수 시험'이란 것이 있는데 그 시험의 점수를 늘리기 위한 공부는 불필요하다. 자신의 연령과 레벨에 맞는 책을 다독

Dr. Seuss's ABC
by Marjorie Weinman Sharmat
Reading age **0 - 3 years**
Lexile measure **NP**

하다 보면 저절로 올라가는 것이 렉사일 지수이다. 특별히 따로 공부하는 것이 아니다. 나는 그래서 AR 또는 렉사일 지수를 크게 신경 쓰지 않는 편이다. 그리고 부디 이 책을 읽는 독자들도 렉사일 지수나 AR 지수의 숫자를 너무 맹신하지 않았으면 한다. 오히려 책의 권장 나이를 더 유심히 신경 써야 한다. 아이가 자신의 연령의 맞는 다양하고 재미있는 책을 읽을 수 있도록 돕는 것에 열중하면 된다.

많은 사람이 인생의 책으로 꼽는 마커스 주삭^{Markus Zusak}의 『책 도둑^{The Book Thief}』의 권장 나이는 12살 이상이지만 렉사일 지수는 730L이다. 렉사일 730L이면 미국 초등학교 4학년 만 9살 정도의 독서 수준을 뜻한다. 하지만 실제 권장 연령은 훨씬 높다. 이처럼 책의 권장 나이와 렉사일 지수는 다를 수 있다. 동일한 책을 두고 렉사일 지수와 AR 지수의 레벨도 항상 동일하지 않다. 그러므로 책은 선정할 때, 나이와 학년 그리고 그다음 렉사일이나 AR을 고려하길 추천한다. 뭐든 절대적인 수치는 없다.

또 다른 예로 『해리 포터^{Harry Potter}』를 보면 렉사일 지수가 880L/AR 5.5로 나오지만, 아마존에 따르면 권장 학년과 나이는 4학년, 만 9살 이상으로 명시되어 있다. 『해리 포터』는 전 세계적으로 엄청난 호응을 불러 일으켰고 책뿐 아니라 영화도 큰 성공을 거두었다. 이런 유명세 덕분에 아이들은 『해리 포터』를 더 일찍 만나고 싶어 하는 경향이 있다. 한국에서는 '영어책을 좀 읽었다'가 『해리 포터』를 읽었느냐 못 읽었느냐로 판가름이 나며, 모든 엄마의 로망이 『해리 포터』를 읽는 것이란 이야기를 들었다. 하지만 실제 읽어보면 단어의 수준도 어렵고 저자가 만든 판타지 세계관이 너무 방대해서 어린아이들은 충분히 이해하는 데 어려움이 있을 수 있다. 오히려 『해리 포터』를 읽는 것이 아이에게 안 좋은 경험이 되어 주어 독서 활동을 이어가는 데 어려움을 호소하는 사례도 있다고 한다. 최근 현직에 계시는 초등학생 교사들은 『해리 포터』를 처음 접하는 나이를 좀 더 높여야 한다고 한다. 그리고 꼭 읽어야만 하는 책이 아니라는 조언을 심심치 않게 한다.

🎯 실제 도서를 검색하며 눈여겨봐야 하는 점

국내 영어 도서 전문 판매 사이트의 정보보다 더 정확한 책 정보를 알고 싶다면 아마존이나 렉사일 홈페이지를 참고하길 추천한다. 국내 서점들의 데이터도 점점 완성도가 높아지고 있지만, 책에 대한 정보는 가장 많은 책을 소장하고 있는 아마존이 아직은 가장 믿을만한 정보인 것 같다. 아마존에는 렉사일 지수(항상 있는 것은 아니다)뿐 아니라 권장 연령 및 학년이 있어 모든 것을 한번에 찾아볼 수 있다. 아마존에 들어가면 책의 정보뿐 아니라 이 책을 구매한 사람들이 어떤 다른 책을 구매했는지와 비슷한 수준의 책을 자동 추천하는 것도 볼 수 있다. 검색하고 있는 책을 아이가 좋아했다면, 아마존에서 추천하는 책들도 좋아할 가능성이 크다. 책을 검색할 때 내가 가장 고려하는 점은 별점과 리뷰 개수이다. 당연히 리뷰가 많고 별점이 높을수록 눈이 가게 된다. 많은 이들이 추천하는 책을 시도하는 게 실패도 덜 한 것 같다. 책을 보고 내용을 살펴보고 나서 아이가 의사 판단에 참여할 수 있는 나이면 아이와 함께 상의하고, 아직 너무 어리다면 부모가 결정을 대신 해 주면 된다. 예를 들어 아마존에 접속하여 『Wings of Fire』를 검색해 보자. 때론 책이 드라마나 영화가 있어 너무 다양한 정보가 쏟아질 수 있으니, 설정을 Books로 지정하자. 책의 정보를 살펴보면 권장 독서나이는 만 8-11세이고 학년은 4-7 이라고 표기되어 있다. 렉사일 지수는 740L이다.

자주 함께 구매하는 품목

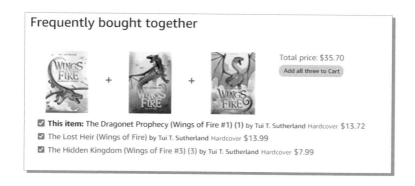

검색한 책과 함께 구매하면 좋은 책이다. 자주 구매되는 책이 소개되고 보통 패키지 제품이나 다른 구성을 추천받을 수 있다. 우리 집에서 『Wings of Fire』는 책으로만 읽었었는데 이 정보를 통해 만화 형태로 된 소설 그래픽 노블graphic novel도 있다는 것을 알게 되었다. 나중에 그래픽 노블에 관해 설명하겠지만, 최근 문학적 구성과 특성을 잘 표현하여 만화와 소설을 융합시켜 남녀노소 상관없이 사랑을 받는 형식format이다. 그래픽 노블과 만화책comic book은 엄연히 다르다고 주장하지만 글밥책을 더 선호하는 부모 입장이라 그런지 그래픽 노블이나 만화책이 비슷해 보이는 건 어쩔 수 없는 선입견인가보다.

다른 고객이 함께 본 품목

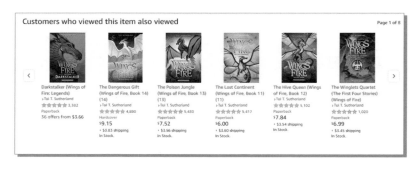

오른쪽 화살표로 누르면 『Wings of Fire』의 시리즈뿐 아니라 다른 작품을 함께 볼 수 있다. 이 책에 관심이 있는 구매자가 본 다른 책 목록을 보여 주어 자연스럽게 책 추천을 받을 수 있다. 이 지표는 매번 수시로 자동변경된다.

해당 품목을 본 후 고객이 구매한 다른 품목

검색한 도서를 구매한 사람들이 구매한 다른 도서들을 추천받을 수 있다. 비슷한 장르, 연령, 취향이 고려된 책 추천이라고 볼 수 있다.

🎯 미국 학교 학년 나이 vs. 한국 학교 학년 나이

미국학교는 9월에 학기가 시작하는 반면 한국학교는 3월에 학기를 시작한다. 그리고 나이를 명시할 때 미국은 만 나이를 사용하지만 우리나라는 태어나자마자 한 살을 먹고 시작한다. 그래서 책 권장 나이를 볼때마다 우리 아이의 나이를 만 나이로 내려 계산을 하거나, 명시되어 있는 나이에 1을 더해서 생각한다. 현지 아이들에게도 권장하는 책의 수준이 있는데 굳이 더 일찍, 먼저 읽을 필요는 없다. 그리고 책을 이해할 수 있는 나이가 분명 있으므로, 권장하는 나이보다 더 먼저 그 책을 만나는 건 크게 의미가 없다. 배경지식과 문장에서 주는 깊은 의미를 이해하려면 다른 더 다양한 책을 만나보는 것이 바람직하다.

학교	미국 나이(만)	미국 학년	한국 학년
유치원	3-5	유아원	유치부
	5-6	유치원	
초등학교	6-7	1학년	
	7-8	2학년	1학년
	8-9	3학년	2학년
	9-10	4학년	3학년
	10-11	5학년	4학년
	11-12	6학년	5학년
중학교	12-13	7학년	6학년
	13-14	8학년	중학교 1학년
	14-15	9학년	중학교 2학년
	15-16	10학년	중학교 3학년
고등학교	16-17	11학년	고등학교 1학년
	17-18	12학년	고등학교 2학년
	18-19	-	고등학교 3학년

　미국에서 사용하는 학년의 문제집을 검토할 때, 모국어가 영어인 아이들과 동일한 수준으로 구매를 하고 싶다면 한 학년을 올려서 구매해야 한다. 점점 사교육 시장에서 어느새 아이들의 읽기 실력을 리딩 지수로 표기를 해서, 영어 유치원을 졸업하면 적어도 AR3.3은 기대할 수 있다는 말이 심심치 않게 들려온다. 개인적인 바람은 이런 문화로 퍼져나가는 것을 막고 싶다. AR 5점대를 읽는다며 으스대고 자랑을 한다는 건 근

본적으로 책을 책으로 대하지 않고 무슨 트로피라도 되는 것처럼 취급하는 행위로밖에 보이지 않는다. 책을 읽었다고 그 책을 진정 흡수하고 실천하고 나의 삶이 개선되었다고 장담할 수 있을까? 우리는 어느 레벨의 책을 읽었는지에 중점을 두지 말고 책을 읽고 어떠한 깨달음을 얻었는지 책에 대한 아이의 태도와 마음, 그리고 이 책을 통해 추가로 어떤 책이 끌렸고 연계 도서로 무엇을 읽고 싶어서 하는지를 체크하는 것이 중요하다. 미국 학교에서 무작위로 학생들을 선발해서 NAEP^{National Assessment of Educational Progress}시험을 보게 하고 각 주의 독해 능력을 측정한다. NAEP의 과목은 수학, 독해, 글쓰기, 과학이고 대상 학년은 4학년, 8학년 그리고 12학년이다. 이렇듯 독해 능력을 검사하는 데에 다양한 과목이 존재한다. 단순 AR 지수나 렉사일 지수로는 독해 능력을 평가하고 정확히 판단할 수 없다.

🎯 그래픽 노블이란?

이야기책을 읽기 시작한 독자^{early readers}가 챕터북 독자^{chapter book readers}로 올라가는 과정에서 디딤돌 같은 역할을 하기에 영미권 초등학교 교사들이 적극적으로 추천하는 책의 종류이다. 시각적으로 관심을 끌만한 그림과 질적으로도 양적으로도 풍부한 이야기가 전개되어 그래픽 노블 시장은 점점 커지는 추세이다.

그래픽 노블Graphic Novel은 우리나라 학습 만화와는 확연히 다르다. 그래픽 노블 일러스트의 화려함이 눈길을 끌고 대화체도 더 많다. 이미 소설로 재미있게 읽은 책이더라도 그래픽 노블 버전으로도 잘 본다. 그래픽 노블은 대화체가 많아서 아이들이 이야기 흐름을 더 쉽게 이해할 수 있고, 상황에 생동감을 더해 준다. 파닉스를 배우는 중이거나 끝나 챕터북으로 진입할 때 그래픽 노블로 시작하기를 장려한다. 앞전에 언급했던 『Wings of Fire』도 그래픽 노블로 재탄생했는데 실제 읽어 보면 영어 수준이 더 쉬운 것이 아니라 전달 방식이 다르다는 것을 볼 수 있다. 베스트셀러 반열에 오른 소설이 그래픽 노블로 다시 출간되는 추세이다.

인기 있는 그래픽 노블

● 6~10세 추천 도서

1. 채리즈 메러클 하퍼Charise Mericle Harper의 『약삭빠른 고양이Crafty Cat』
2. 벨 클랜튼Ben Clanton의 『외뿔고래와 해파리A Narwhal and Jelly』
3. 『Hilda and the White Woff』 by Luke Pearson
4. 『Through the Moon (The Dragon Prince)』 by Peter Wartman

1. 『Magic Tree House』 by Mary Pope Osborne
2. 『Dog Man』 by Dav Pilkey
3. 『Percy Jackson and the Olympians The Last Olympian』 by Rick Riordan
4. 『Sisters by Raina Telgemeier
5. 『El Deafo』 by Cece Bell
6. 『Click』 by Kayla Miller
7. 『Primer』 by Thomas Krajewski
8. 『Allergic』 by Thomas Kragewski

9. 『Mighty Jack』 by Ben Hatke
10. 『Guts』 by Raina Telgemeier
11. 『A Dash of Trouble (Love Sugar Magic)』 by Anna Meriano
12. 『Katie the Catsitter』 by Colleen A. F. Venable

책 표지만 보고 이 책이 글밥책인지 그래픽 노블인지 확인하는 방법은 렉사일 지수를 보는 것이다. 렉사일 숫자 앞에 GN이라고 표기된다. GN은 Graphic Novel의 줄임말이다. 예전에 미자모 카페 독서 모임에서 『크리스마스 캐럴A Christmas Carol』을 읽은 적이 있다. 책 제목과 표지만 보고 구매했는데, 책을 받고 보니 만화책이어서 당황을 했다는 글을 본 적이 있다. 최근 기존에 소설로 유명했던 책들이 하나둘 줄지어 그래픽 노블로 재탄생되어 출간되고 있어 표지만 봤을 때 혼동이 될 수 있으니, 렉사일 숫자 앞에 GN이 있는지 확인해야 한다.

🎯 선택권은 결국 아이에게

성공적인 엄마표 영어를 위해서는 무엇보다 아이와의 소통이 가장 중요하다. 즉, 아이의 마음을 잘 헤아려 주고 들어 주고 협업하는 마음으로 진행해야 한다. 말이 엄마표이지 결국 아이표로 공부를 진행하는 것이 목표이기 때문에 결국 주도권은 아이가 가지는 것이다.

학원 등의 사교육의 도움을 받기 시작했다고 해서 엄마표 영어가 끝나는 것이 아니다. 교육은 지속하면서 그저 다른 이의 도움을 받는다는 인식이 필요하다. '학원을 보냈으니 알아서 다 해주시겠지'란 생각은 버려야 한다. 학원이나 교습소에 가면 남이 설정해 놓은 커리큘럼으로 공부가 진행된다. 이렇게 되면 아이 입장에서는 자신의 의사가 전혀 반영되지 않았기 때문에 알고자 하는 욕구보단 남이 시키기 때문에 그냥 책가방만 들고 오고 가는 경우가 생길 수 있다.

학원을 가더라도 엄마가 보내는 것이 아니라 아이가 공부하다가 부족함을 느껴 어떤 학원이나 개인 선생님을 요청하는 경우가 더 효과적이다. 어렸을 때부터 자신이 주도권을 갖고 공부를 한다면 아이는 자신이 무엇을 다음에 읽고 해야 하는지를 깨달을 것이다. 독서도 마찬가지이다. 엄마표 영어의 가장 큰 장점은 아이와 상의해서 아이가 읽고 싶은 책을 선택할 수 있는 선택권이 있다는 것이다. 남이 하라고 하면 그냥 이유도 없이 하기 싫은 것이 사람의 심리이다. 부모가 혹은 선생님이 이 책을 읽으라고 하면, 내가 궁금해서 선택한 책보다는 몰입도가 당연히 떨어질 수밖에 없다. 처음부터 아이를 어른 대하듯 의견을 물어보고 최대한 의사를 반영하는 것이 중요하다. 물론 아이의 말만 다 들어주라는 것이 아니다. 서로 논리를 펼치며 왜 이것을 해야 하는지에 대해 생각하고 주장하는 것을 연습한다면 우리 아이들은 어디서든 기죽지 않고 자기 생각을 당당하게 말할 수 있다. 이런 교육은 가정에서부터 시작되어야 한다.

부록

추천 리스트

얼리 리더스 챕터북

영어책 읽기를 처음 시작할 때 읽기 좋은 챕터북을 소개한다. 챕터북은 그림책보다 글자가 좀 더 많고, 유머와 모험이 가득하며, 감동을 주는 이야기들이 담겨 있는 챕터로 구성된 책이다. 아이에게 책을 추천할 때는 렉사일 지수에만 의존하는 것보다 책 내용과 흥미 유발에 좀 더 초점을 맞추어 권하는 것이 좋다.

나이(만)	학년	CCSS Lexile 추천
5~6	K	–
6~7	1	190L~530L
7~8	2	420L~620L
8~9	3	620L~820L
9~10	4	740L~875L
10~11	5	875L~1010L
11~12	6	925L~1010L

자신의 수준보다 너무 쉬운 책을 읽게 되면 책에 대한 흥미를 잃을 수 있기에 학습적인 측면보다 재미 위주의 도서를 선정해야 한다. 다음은 만 5세부터 볼 수 있는 책들을 선정한 것이다. 렉사일 지수나 추천 연령 정보는 변경될 수 있는데 amazon, goodreads, MetaMetrixs lexile, google에서 참고할 수 있다.

Here's Hank (12권)
Henry Winkler and Lin Oliver
만 6~8세 / 540L~660L
남들보다 배움이 조금 느린 Hank의 성장 이야기

Warren & Dragon (4권)
Ariel Bernstein
만 5~8세 / 620L~670L
Warren과 Dragon의 우정을 다룬 이야기

George Brown, Class Clown (19권)
Nancy Krulik
만 7~9세 / 500L~590L
별에게 잘못 소원을 빌어 마법에 걸린 George에게 벌어지는 이야기

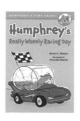

Humphrey's Tiny Tales
(8권)
Betty G. Birney

만 5~8세 / 570L~630L
귀여운 Humphrey의 이야기. 사랑
스러운 삽화가 특징

Stink (12권+)
Megan McDonald

만 6~9세 / 490L~640L
Judy Moody 시리즈에 등장하는
Stink Moody를 주인공으로 한 엉뚱
하고 유쾌한 책

The Zach and Zoe
Mysteries (6권)
Mike Lupica

만 6~9세 / 730L~770L
스포츠와 미스터리를 주제로 한 챕
터북 시리즈

Nate the Great (28권)
Marjorie Weinman Sharmat

만 6~9세 / 340L~550L
탐정 Nate와 함께 미스터리도 풀고
논리적인 사고를 즐길 수 있는 재미
있는 책

EllRay Jakes (9권)
Sally Warner

만 6~8세 / 650L~840L
다이나믹한 학교생활과 우정에 대
한 이야기

Arnold and Louise (3권)
Erica S. Perl

만 6~8세 / 490L~520L
덩치 큰 곰과 수다스러운 다람쥐의
우정 이야기

A to Z Mysteries (26권)
Ron Roy

만 6~8세 / 510L~600L
알파벳 순서대로 책이 진행되는 흥
미로운 미스터리 소설

Alvin Ho (6권)
Lenore Look

만 7~9세 / 560L~600L
무서움이 많은 Alvin의 학교생활, 친
구 관계 등에 대한 이야기

Beasts of Olympus (8권)
Lucy Coats

만 7~9세 / 770L~850L
그리스 신화를 처음 소개하기 좋은
책

The Escapades of Clint McCool (2권)
Jane Kelley

만 6~8세 / 470L~480L
터무니없는 상황과 그림들로 가득
한 쉽게 읽히는 재미있는 이야기

My Weird School (21권)
Dan Gutman

만 6~8세 / 560L~700L
천이백만 권 이상의 판매 기록을 세
운 우스꽝스러운 에피소드가 가득
한 책

Amelia Bedelia (12권)
Herman Parish

만 6~10세 / 580L~710L
가족과 우정에 대한 재미있는 책

Judy Moody (15권)
Megan McDonald

만 6~9세 / 460L~580L
발랄하고 활발한 Judy의 모험 가득
이야기

Kylie Jean (23권)
Marci Peschke

만 6~8세 / 600L~680L
여자아이들이 좋아할 만한 이야기
가 가득한 시리즈

Ivy and Bean (3권)
Annie Barrows

만 6~9세 / 490L~600L
서로 다른 성격을 가진 두 소녀의 우
정을 그린 책

Junie B. Jones (28권)
Barbara Park

만 5~7세 / 340L~560L
Junie의 행동으로 인해 다소 호불호
가 갈리는 책이지만 귀엽고 엉뚱한
Junie의 매력에 빠지게 되는 책

The Never Girls (13권)
Kiki Thorpe

만 6~8세 / 480L~600L
네 명의 소녀가 네버랜드로 떠나는
모험이 담긴 책. 피터 팬을 좋아한다
면 더 추천하는 책

Rainbow Magic (21권)
Daisy Meadows

만 5~7세 / 640L~700L
일곱 빛깔 무지개 요정들의 마법 판
타지 이야기

Princess Ponies (12권)
Chloe Ryder

만 6～10세 / 650L～780L
예쁜 삽화가 가득하여 소장하고 싶은 책

Unicorn Diaries (5권+)
Rebecca Elliott

만 5～7세 / 590L
혼자 읽기를 시작하는 아이에게 독서의 자신감과 체력을 길러 주는 책

Owl Diaries (16권)
Rebecca Elliott

만 5～7세 / 560L
쉬운 문장과 빠른 전개가 특징이며, 삽화가 가득하여 읽기 독립을 훈련하기 좋은 책

Press Start! (10권+)
Thomas Flintham

만 5～7세 / 530L
읽기에 자신감을 줄 수 있는 재미있는 책

Marvin Redpost (8권)
Louis Sachar

만 6～9세 / 430L～590L
유쾌하게 과장된 상상력이 가득한 책, 기발한 캐릭터를 좋아하는 아이에게 안성맞춤

The Princess in Black (7권)
Shannon Hale, Dean Hale

만 5～8세 / 340L～510L
모험이 가득하고 훌륭한 삽화가 들어간 짧지만 재미있는 책

Heidi Heckelbeck (33권+)
Wanda Coven

만 5～9세 / 480L～700L
어린아이들이 읽기 좋으며, 마법 이야기가 가득한 초기 챕터북

Magical Mix-Ups (4권)
Lynne Jonell

만 6～9세 / 530L～620L
소원을 빌었는데 마법처럼 모습이 변한 Celia의 이야기

Gooney Bird Greene (6권)
Lois Lowry

만 6～9세 / 580L～660L
최고의 이야기꾼 Gooney의 학교생활 이야기

Mercy Watson (6권)
Kate DiCamillo

만 6～9세 / 450L～510L
초기 챕터북으로 유명한 포동포동
하고 착한 Mercy Watson 이야기

Dirty Bertie (19권)
David Roberts

만 5～8세 / 370L～560L
기발한 상상력으로 가득한 말썽꾸
러기 Bertie의 일상 이야기

Horrible Harry (37권)
Suzy Kline

만 6～8세 / 450L～660L
처음 책을 읽는 아이에게 지속적으
로 흥미를 갖게 하는 유머가 넘치는
책

Ready, Freddy! (27권)
Abby Klein

만 4～8세 / 460L～640L
학교생활이 담겨 있어 수업을 듣는
기분이 드는 유익하고 재미있는 책

Fly Guy (18권)
Tedd Arnold

만 4～8세 / 270L～540L
Buzz라는 소년과 Fly Guy와의 우
정, 모험을 다룬 책

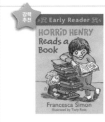

**Horrid Henry Early
Reader** (25권)
Francesca Simon

만 5～7세 / 490L～560L
Peter와 Henry의 좌충우돌 이야기.
가족애를 느낄 수 있는 책

Fudge (5권)
Judy Blume

만 7～12세 / 470L～590L
아이들이 공감하며 읽을 수 있는 소
재를 흡입력 있게 풀어 놓은 이야기

Andrew Lost (18권)
J. C. Greenburg

만 6～9세 / 490L～600L
아이들이 작아지며 벌어지는 이야
기. 과학적 지식과 상상력이 풍부
한 책

Time Warp Trio (16권)
Jon Scieszka

만 7～9세 / 480L～690L
세 명의 소년이 함께 떠나는 모험과
환상이 가득한 시간 여행 이야기

The Spiderwick Chronicles (5권)
Tony DiTerlizzi, Holly Black

만 6~10세 / 570L~700L
드래곤, 요정 등 판타지 소설을 좋아
하는 독자에게 추천하는 책

Flat Stanley's Worldwide Adventure (15권)
Jeff Brown

만 6~10세 / 650L~800L
우연한 사고로 몸이 납작해진
Stanley의 모험 이야기

Nancy Drew and the Clue Crew (39권)
Carolyn Keene

만 6~10세 / 550L~720L
탁월한 추리력으로 사건을 해결해
나가는 Nancy와 친구들 이야기

The Critter Club (22권)
Callie Barkley

만 5~9세 / 410L~640L
일상생활에서 공감하며 읽을 수 있
는 쉬운 책

Just Grace (12권)
Charise Mericle Harper

만 6~9세 / 660L~940L
여자아이들이 좋아할 만한 귀여운
그림과 따뜻한 이야기가 가득한 책

Roscoe Riley Rules (7권)
Katherine Applegate

만 6~8세 / 450L~620L
Roscoe Riley의 코믹한 학교생활
이야기

Dragon Masters (20권+)
Tracey West

만 6~8세 / 490L~580L
독서의 자신감을 키울 수 있는 재미
있는 판타지 소설

The Treehouse Books (11권+)
Andy Griffiths

만 6~9세 / 560L~770L
한 번 읽으면 계속 빠져드는 책

Magic Tree House (35권+)
Mary Pope Osborne

만 5~9세 / 380L~750L
25년 이상 꾸준히 사랑받는 Jack
과 Annie의 모험 이야기

Nancy Clancy (8권)
Jane O'Connor

만 6~10세 / 450L~650L
I Can Read 리더북의 Nancy
Clancy가 성장하며 펼쳐지는 탐정
이야기

The Imaginary Veterinary (6권)
Suzanne Selfors

만 6~9세 / 620L~660L
지루한 삶을 살던 Ben 앞에 엄청난
모험이 펼쳐지는 판타지 이야기

Frog and Toad I Can Read Stories (4권)
Arnold Lobel

만 4~8세 / 330L~480L
I Can Read 리더스북 중 고전처럼
많은 사랑을 받는 책

02 시리즈 소설

책 읽기를 장려하는 좋은 방법 중 하나는 아이에게 재미있는 시리즈 책을 소개하는 것이다. 단어나 문장 수준, 렉사일 지수보다 더 중요한 것은 얼마나 재미있게 책을 읽을 수 있느냐이다. 시리즈 소설 같은 경우 한번 재미를 붙이면 금세 속도가 붙어 읽을 수 있다. 책 읽기

나이(만)	학년	CCSS Lexile 추천
5~6	K	–
6~7	1	190L~530L
7~8	2	420L~620L
8~9	3	620L~820L
9~10	4	740L~875L
10~11	5	875L~1010L
11~12	6	925L~1010L

를 힘들어 하는 아이들이 초반에 포기할 수 있지만 그때 조금만 더 격려해 주고 고비를 넘긴다면 책 읽는 즐거움에 푹 빠질 수 있다. 다음은 만 8~12세 아이들이 즐겨 읽을 수 있는 시리즈 책들로, 다소 시리즈가 방대한 책도 있지만 아이들이 좋아할 만한 책이라면 한 번 시도해 봐도 좋을 것이다.

Magic Tree House: Merlin Missions (27권)
Mary Pope Osborne
만 7~10세 / 500L~600L
Magic Tree House의 후속작으로 유익하게 읽을 수 있는 모험 이야기

Geronimo Stilton (79권+)
Geronimo Stilton
만 7~10세 / 450L~810L
전 세계적으로 사랑 받는 Geronimo의 모험 이야기

Thea Stilton (34권+)
Thea Stilton
만 7~10세 / 670L~780L
미스터리와 우정이 가득한 모험 이야기

The Boxcar Children Mysteries Book (155권)
Gertrude Chandler Warner

만 7~10세 / 500L~620L

155권의 방대한 분량이지만 오랫동안 사랑받는 시리즈

Black Lagoon Adventures (27권)
Mike Thaler

만 7~10세 / 540L~700L

학교, 몬스터, 그리고 일상적인 아이들의 문제를 재미있게 풀어낸 책

The Wild Robot (2권)
Peter Brown

만 8~12세 / 720L~850L

로봇, 야생, 가족애, 우정 등 다양한 주제가 담긴 책

The Zack Files (30권)
Dan Greenburg

만 7~10세 / 370L~570L

10세 소년 Zack에게 일어나는 엉뚱하고 재미있는 일상 이야기

The Secrets of Droon (36권)
Tony Abbott

만 7~10세 / 510L~580L

흥미진진하고 매력적인 이야기가 가득하여 찬사를 받는 시리즈

Goosebumps HorrorLand (58권)
R. L. Stine

만 8~12세 / 370L~470L

공포스럽고 으스스한 이야기를 좋아하는 독자에게 추천하는 책

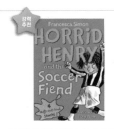

Horrid Henry (25권)
Francesca Simon

만 7~10세 / 480L~590L

익살스러운 Henry의 일상 이야기

Cam Jansen (34권)
David A. Adler

만 7~10세 / 480L~630L

40년 넘도록 사랑받고 있는 추리 미스터리 소설

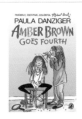

Amber Brown (12권)
Paula Danziger

만 7~10세 / 530L~720L

우정, 사랑, 가족 관계를 통해 성장하는 Amber의 일상 이야기

Nevermoor (3권)
Jessica Townsend

만 7~11세 / 790L~880L
저주받은 아이로 불리던 Morrigan
이 갑자기 마법의 도시로 가게 되며
벌어지는 긴장감 넘치는 이야기

The Penderwicks (5권)
Jeanne Birdsall

만 7~11세 / 800L~940L
어머니가 없는 네 명의 자매와 망연
자실한 교수 아버지의 생활을 통해
따뜻함을 느낄 수 있는 책

Whatever After (14권+)
Sarah Mlynowski

만 8~12세 / 380L~500L
마법 거울을 통해서 고전 동화 속 이
야기에 빨려 들어간 주인공들의 이
야기

Kid Normal (4권)
Greg James, Chris Smith

만 8~12세 / 800~870L
평범한 소년 Murph가 우연히 슈퍼
히어로를 위한 특급 비밀 학교에 가
서 일어나는 이야기

**The Vanderbeekers of
141st Street** (4권+)
Karina Yan Glaser

만 7~12세 / 810L~840L
가족과 이웃, 관심과 이해에 대해 생
각해 볼 수 있는 이야기

**The Wide-Awake
Princess** (7권)
E. B. Baker

만 8~11세 / 740L~890L
잠자는 숲속의 공주의 여동생 Annie
가 왕국을 구하는 모험 이야기

Pages & Co. (3권)
Anna James

만 9~12세 / 820L~870L
Tilly Pages의 흥미진진한 모험과
미스터리가 결합된 매력적인 이야기

Circus Mirandus (3권)
Cassie Beasley

만 9~12세 / 680L~770L
희망과 상실, 마법의 힘, 기적과 우
정에 대한 아름다운 이야기가 담긴
시리즈

Book Scavenger (3권)
Jennifer Chambliss Bertman

만 9세 이상 / 810L~860L
숨겨진 책을 발견하는 게임을 통해
정체성을 깨닫는 이야기

The Great Brain (8권)
John D. Fitzgerald

만 8~12세 / 790L~850L
명석한 두뇌를 가진 꼬마 사기꾼 Tom의 장난 가득한 모험 이야기

Wishmakers (2권)
Tyler Whitesides

만 8~12세 / 670L~680L
창의적이며 흥미진진한 이야기가 가득한 책

Castle Glower (5권)
Jessica Day George

만 8~11세 / 820L~860L
Celie의 판타지 모험 이야기. 시리즈 제목이 요일별로 되어 있음

Peter and the Starcatchers (5권)
Ridley Pearson, Dave Barry

만 8~12세 / 710L~820L
피터 팬의 이전 이야기. 스릴 넘치는 액션과 유머가 가득한 이야기

Children of the Red King (8권)
Jenny Nimmo

만 8~12세 / 630L~760L
특별한 능력을 가진 Charlie Bone의 이야기

Inkheart Trilogy (3권)
Cornelia Funke

만 9세 이상 / 780L~830L
책의 이야기가 실제 현실이 되어 사건을 해결하는 Meggie의 모험 이야기

Alcatraz vs. the Evil Librarians (5권+)
Brandon Sanderson

만 8~12세 / 660L~710L
사회를 점령한 사악한 사서들을 물리치는 Alcatraz의 모험 이야기

Spirit Animals (7권)
Brandon Mull

만 8~11세 / 680L~790L
영혼의 동물과 링크가 된 네 명의 아이들의 세상을 구하는 이야기

The Candymakers (2권)
Wendy Mass

만 8~12세 / 740L~790L
가장 맛있는 사탕을 만들기 위해 경쟁하는 4명의 아이들의 우정 이야기

Mr. Lemoncello's Library
(5권+)
Chris Grabenstein

만 9~11세 / 640L~780L
어린이 12명이 '세상에서 가장 멋진 도서관'에 갇히며 벌어지는 이야기

Savvy (3권)
Ingrid Law

만 9세 이상 / 830L~1070L
특별한 마법 기술 묘사가 흥미롭고 모험을 통해 자아를 발견하는 성장 이야기

Wings of Fire (14권+)
Tui T. Sutherland

만 8~11세 / 730L~790L
드라마틱한 전투 장면과 스릴 넘치는 모험, 음모, 우정이 담겨 있는 판타지 소설

Pegasus (6권)
Kate O'Hearn

만 8~12세 / 620L~650L
추락한 페가수스를 만난 Emily가 로마의 신들과 Nirad 전사들 사이의 싸움에 휘말리게 되는 이야기

Septimus Heap (7권)
Angie Sage

만 8~12세 / 640L~960L
특별한 마법의 힘을 가진 주인공 Septimus Heap의 판타지 모험 이야기

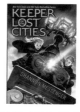

Keeper of the Lost Cities
(9권)
Shannon Messenger

만 9~12세 / 670L~890L
자신이 엘프라는 것을 모른 채 인간 세계에 사는 Sophie의 이야기

The Ascendance (5권)
Jennifer Nielsen

만 8~12세 / 710L~810L
음모와 반전, 거짓과 치명적인 진실로 인해 이색적인 모험이 가득, 숨죽이고 읽게 되는 이야기

Fablehaven (5권)
Brandon Mull

만 8~12세 / 700L~790L
신비롭고 기묘한 마법과 눈을 뗄 수 없는 창조물이 가득한 판타지 이야기

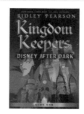

Kingdom Keepers (7권)
Ridley Pearson

만 9~12세 / 640L~770L
디즈니 마니아에게 추천하는 책

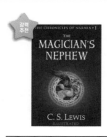

The Chronicles of Narnia (7권)
C. S. Lewis

만 7세 이상 / 790L〜970L
판타지 소설의 고전으로 꾸준히 사랑받는 책. 많은 작가들에게 영감을 주었고 영화로도 제작됨

The Princess Tales (6권)
Gail Carson Levine

만 8〜12세 / 580L〜770L
친숙한 동화 속 이야기를 새롭게 각색한 재미있고 새로운 반전을 기대할 수 있는 책

Percy Jackson and the Olympians (5권)
Rick Riordan

만 10〜14세 / 590L〜680L
신들의 전쟁을 막기 위해 모험을 떠나는 Percy Jackson의 이야기

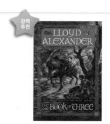

Chronicles of Prydain (5권)
Lloyd Alexander

만 8〜12세 / 760L〜900L
판타지 세상과 실제 세상이 본질적으로 다르지 않다는 것을 보여 주는 책

Shadow Children (7권)
Margaret Peterson Haddix

만 8〜12세 / 620L〜810L
두 자녀만 허락되는 세계에서 셋째 아이로 태어나 세상에 나가 본 적 없는 Luke의 이야기

Brian's Saga (5권)
Gary Paulsen

만 10세 이상 / 1020L
비행기 추락 사고로 캐나다 황야에 고립된 Brian의 생존을 위한 고군분투 이야기

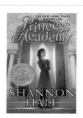

Princess Academy (3권)
Shannon Hale

만 8〜12세 이상 / 690L〜890L
가난한 Miri가 왕자와의 결혼 후보를 양성하는 학원으로 보내지면서 겪는 이야기

Ranger's Apprentice (11권)
John Flanagan

만 10세 이상 / 800L〜920L
왕국의 수호자가 되려는 Will이 대규모 전투에서 왕국을 지키며 성장하는 이야기

Anne of Green Gables (8권)
L. M. Montgomery

만 7세 이상 / 550L〜990L
대대손손 사랑받는 책. Anne의 매력에 빠지면 헤어나올 수 없는 책

Stranded (3권)
Chris Tebbetts, Jeff Probst
만 8~12세 / 680L~690L
남태평양의 어느 정글 섬에 난파당
한 네 명의 아이들의 생존 이야기

Farworld (4권)
J. Scott Savage
만 9~12세 / 680L~770L
독특한 생물, 마법 시스템을 알아가
는 재미가 가득한 책

A Wrinkle in Time (5권)
Madeleine L'Engle
만 10~14세 / 710L~850L
사라진 아버지를 찾으러 시공간을
넘어 모험하는 이야기

The Mysterious Benedict Society (4권)
Trenton Lee Stewart
만 10~13세 / 830L~900L
아이들의 외로움이나 두려움, 우정,
사랑을 잘 표현한 책

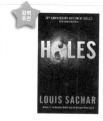

Holes (2권)
Louis Sachar
만 10~12세 / 660L~690L
운동화 도둑으로 몰려 소년 교화 센
터로 보내진 Stanley의 이야기

Warriors (6권)
Erin Hunter
만 8~11세 / 790L~880L
탄탄한 스토리로 전 세계 독자들에
게 사랑받는 판타지 소설

Artemis Fowl (8권)
Eoin Colfer
만 9~12세 / 600L~930L
범죄 가문의 12살의 천재 소년
Artemis의 이야기

The Incorrigible Children of Ashton Place (6권)
Maryrose Wood
만 8~12세 / 850L~980L
늑대의 습성을 가진 아이들을 현대
문명에 적응시키는 이야기

Lewis Barnavelt (12권)
John Bellairs
만 9~12세 / 760L~930L
Lewis가 삼촌 집에 오며 마주하게
된 마법 세계 모험 이야기

Dragon Slippers (3권)
Jessica Day George

만 10〜13세 / 850L〜870L

Creel이 엄청난 힘을 가진 마법의 슬리퍼를 만나며 벌어지는 이야기

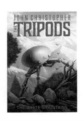

The Tripods (4권)
John Christopher

만 9〜13세 이상 / 820L〜890L

인류가 거대한 3족 보행 기계인 Tripods에 의해 노예화된 종말론적 SF 소설

Harry Potter (7권)
J. K. Rowling

만 9세 이상 / 500L〜900L

세계적으로 유명한 마법사 Harry Potter의 성장 이야기

The Land of Stories (6권)
Chris Colfer

만 8〜12세 / 720L〜830L

책 안에 빨려 들어가서 새로운 시각으로 각색된 동화 속 인물들을 만날 수 있는 책

Giver Quartet (4권)
Lois Lowry

만 11세 이상 / 680L〜760L

디스토피아 사회를 배경으로 한 소설, 사회와 인간성, 존엄성에 대해 생각하게 하는 책

Endling (3권)
Katherine Applegate

만 8〜12세 / 690L〜720L

우정과 사랑, 용기와 모험이 가득한 판타지 이야기

The 39 Clues (11권)
Rick Riordan 외 6명

만 9〜12세 / 550L〜730L

7명의 유명 작가의 공동 작업으로 탄생한 모험 가득한 이야기

The Indian in the Cupboard (5권)
Lynne Reid Banks

만 8〜12세 / 750L〜780L

누구나 한번쯤 경험하고 싶은 마법 캐비닛을 가진 어린 소년의 이야기

Diary of a Wimpy Kid (21권+)
Jeff Kinney

만 8〜13세 / 910L〜1060L

학교, 우정, 일상생활을 Jeff의 비밀 일기장을 통해 볼 수 있는 시리즈

강력추천

Awesome Friendly Adventures (3권+)
Jeff Kinney

만 8~12세 / 1020L
다양한 관점을 가지게 하는 친근한 모험 판타지 소설 시리즈

Dragons in a Bag (2권)
Zetta Elliott

만 8~12세 / 700L~740L
Jaxon이 용을 키우게 되며 일어나는 이야기

Dragonbreath (11권)
Ursula Vernon

만 7~11세 / 590L~800L
Danny Dragonbreath의 재치 가득한 모험 이야기

Jake the Fake (3권)
Craig Robinson,
Adam Mansbach

만 8~12세 / 790L~870L
Big Nate를 좋아하는 아이들에게 안성맞춤 도서

The Hardy Boys (190권)
Franklin W. Dixon

만 8~12세 / 610L~940L
미스터리 추리 소설로 고전과도 같은 장편 시리즈

Bunnicula and Friends (7권)
Deborah & James Howe

만 8~12세, 630L~860L
드라큘라 영화를 보러 갔다가 극장에서 발견한 토끼를 데리고 오며 벌어지는 이야기

The Tale of Emily Windsnap (9권)
Liz Kessler

만 8~12세 / 540L~670L
내가 인어라면? 재미있는 상상력이 가득한 책

강력추천

Encyclopedia Brown (26권)
Donald J. Sobol

만 8~12세 / 560L~750L
백과사전이 내 머릿속에 있으면 얼마나 좋을까? 탐정 소설을 좋아하는 독자에게 추천

강력추천

The Last Kids on Earth (7권)
Max Brallier

만 8~12세 / 570L~650L
만화책이나 비디오 게임에 출연하는 것을 꿈꿔 본 모든 어린이에게 추천하는 책

A Mermaid in Middle Grade (5권)
A. M. Luzzader
만 8~12세 / 740L~790L
마법의 인어공주 판타지 모험 소설

Dork Diaries (14권)
Rachel Renée Russell
만 9~13세 / 610L~890L
일기 형식으로 쓰인 Nikki Maxwell
의 일상 이야기

Wayside School (4권)
Louis Sachar
만 8~12세 / 440L~550L
학생과 선생님의 기묘한 행동과 유
머가 가득한 이야기

My Fox (6권)
David Blaze
만 8~12세 / 540L
일상에서 벌어지는 일을 귀여운 그
림과 재치 있는 대화로 표현한 책

Trapped in a Video Game
(5권)
Dustin Brady
만 8~12세 / 580L~640L
주인공이 게임에 갇히며 일어나는
이야기

Epic Zero (6권)
R. L. Ullman
만 8~12세 / 640L~670L
가족들 모두 슈퍼 히어로인데 혼자
만 아무 능력이 없는 주인공 이야기

Ralph Mouse (3권)
Beverly Cleary
만 8~12세 / 860L~890L
뉴베리상을 수상한 작가의 상상력
넘치는 모험 이야기

Milligan Creek (5권)
Kevin Miller
만 9~12세
현장 학습을 간 친구들이 평생 잊지
못할 경험을 하게 되는 이야기

The Lemonade War (5권)
Jacqueline Davies
만 8~12세 / 630L~680L
사랑스럽지만 경쟁심이 강한 자매
가 보내는 신나는 여름 이야기

Ramona Quimby (8권)
Beverly Cleary

만 8~12세 / 750L~860L
창의적인 아이 Ramona의 관점에
서 보는 가족 문제와 일상 이야기

Diary of a 6th Grade Ninja (12권)
Marcus Emerson 외 2명

만 9~12세 / 620L~770L
닌자 Chase가 쓰는 일기를 통해 알
게 되는 좌충우돌 학교 이야기

Starfell (3권)
Jessica Renwick

만 8~12세
재미있는 등장 인물, 매력적인 줄거
리, 웃음과 가슴 아픈 감정이 잘 표
현된 판타지 소설

The Terrible Two (4권)
Mac Barnett, Jory John 공저

만 8~12세 / 620L~660L
최고의 장난꾸러기인 Miles
Murphy가 전학을 가게 되면서 발생
하는 재미있고 유쾌한 이야기

Diary of a Surfer Villager (31권+)
Dr. Block

만 7~12세
마인크래프트 게임을 좋아하는 아
이가 흥미롭게 읽을 수 있는 시리즈

Tales of the Glitch Guardians (3권)
Dr. Block

만 9~14세
게임을 좋아하는 독자가 재미있게
읽을 수 있는 시리즈

아이들이 읽기 좋은 단행본도 많이 있다. 선생님 추천 도서, 베스트셀러, 뉴베리상 수상작(해마다 미국 아동 문학 발전에 가장 크게 이바지한 작가에게 주는 아동 문학상), 그리고 고전 명작이 이에 속한다. 처음 고전을 읽을 때 청소년 수준에 맞게 집필된 퍼핀 클래식^{Puffin Classics} 출판사 시리즈를 추천한다.

The Secret Lake
Karen Inglis
만 8~12세
현대적 반전이 있는 시간 여행 미스터리 모험 이야기

The Report Card
Andrew Clements
만 9~11세 / 700L
평범한 학교생활을 추구하는 천재 소녀 Nora의 이야기

White Fang
Jack London
만 7 이상 / 650L
사랑은 사랑을 낳는다는 고전 소설. 처음 고전을 읽을 때 추천

The Great Adventures of Sherlock Holmes
Sir Arthur Conan Doyle
만 10세 이상 / HL560L
Sherlock과 Watson이 겪는 기발한 범죄 미스터리 소설

The Adventures of Robin Hood
Roger Lancelyn Green
만 10~11세 / 1110L
가난하고 억압받는 사람들을 옹호하는 전설의 인물 Robin 이야기

Peter Pan
J. M. Barrie
만 8~12세 / 980L
영원히 어른이 되지 않는 소년 피터 팬과 인간 세계의 웬디가 해적선장 후크와 싸우는 모험 이야기

Heidi
Johanna Spyri

만 6~9세 / AD960L

사랑, 가족, 독립성과 자유에 대한 갈증을 잘 표현한 고전

The Jungle Book
Rudyard Kipling

만 12~16세 / 1020L

늑대에게 길러진 Mowgli의 자아 발견과 인생 교훈이 담긴 고전

Pinocchio
Carlo Collodi

만 10~11세 / 840L

진짜 소년이 되길 꿈꾸는 나무 인형 피노키오 이야기

The Chocolate Touch
Patrick Skene Catling

만 6~9세 / 770L

그리스 신화 속 황금의 손 미다스 왕을 모티브한 John의 이야기

The One and Only Ivan
Katherine Applegate

만 8~11세 / 570L

쇼핑몰의 유리벽 우리 안에서 살고 있는 고릴라 Ivan과 친구들의 이야기

Hello, Universe
Erin Entrada Kelly

만 8~11세 / 690L

우정에 대한 재미있고 가슴 아픈 이야기

Wishtree
Katherine Applegate

만 8~11세 / 590L

인종, 문화, 종교의 차이를 너머 사랑과 희망을 전하는 소설

The Tale of Despereaux
Kate DiCamillo

만 7~10세 / 670L

주인공들의 희망과 용서를 잘 묘사한 잔잔한 감동을 주는 이야기

Fish in a Tree
Lynda Mullaly Hunt

만 9~11세 / 550L

난독증은 어리석음이 아니며 누구에게나 가능성이 있다는 메시지를 담은 소설

We Dream of Space
Erin Entrada Kelly

만 8~12세
우주, 과학, 학교생활, 가족 관계를
잘 그린 성장 소설

A Christmas Carol
Charles Dickens

만 6세 이상 / 580L
권선징악이라는 교훈과 베풂의 메
시지가 담긴 크리스마스 철학으로
일컫는 소설

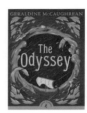

The Odyssey
Homer 원작

만 10세 이상 / 890L
트로이 전쟁에서 돌아오는 오디세
우스의 여정을 그린 그리스 서사시

Wish
Barbara O'Connor

만 8~11세 / 850L
진정한 가족의 의미를 감동적인 이
야기로 만날 수 있는 소설

Look Both Ways
Jason Reynolds

만 10세 이상 / 750L
다양한 관점으로 볼 수 있는 인생을
시사하는 단편 모음집

Where the Red Fern Grows
Wilson Rawls

만 9~12세 / 700L
대공황으로 힘든 시기, Billy와 개의
우정에 대해 묘사한 작품

Tuck Everlasting
Natalie Babbitt

만 9~12세 / 770L
늙지 않고 영원히 살 수 있는 기회에
직면한 어린 소녀 이야기. 철학적 성
찰을 담은 소설

Hoot
Carl Hiaasen

만 9~12세 / 760L
환경 파괴에 대항하는 아이들이 동
물을 구하는 이야기

Remarkables
Margaret Peterson Haddix

만 8~12세 / 800L
불투명한 미래의 불안감을 기묘하
게 표현하고, 결국 상황은 나아질 수
있다는 희망을 담은 미스터리 소설

Becoming
Michelle Obama

만 10세 이상 / 1080L
미국 전 영부인 Michelle Obama의 회고록

When You Trap a Tiger
Tae Keller

만 8~12세 / 590L
한국 전래 동화를 바탕으로 사랑, 희망, 상실, 용기를 담은 이야기

The Girl Who Drank the Moon
Kelly Barnhill

만 8~12세 / 640L
별빛을 먹던 아이의 놀라운 마법과 사랑 이야기

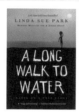

A Long Walk to Water
Linda Sue Park

만 10~12세 / 720L
기적을 통해 희망을 전하는 감동적인 작품

Walk Two Moons
Sharon Creech

만 10세 이상 / 770L
삶과 죽음, 이별과 상실, 정체성의 발견과 희망이 담긴 이야기

Echo
Pam Muñoz Ryan

만 10세 이상 / 680L
제2차 세계대전 상황에서도 희망을 잃지 않는 아이들의 성장 소설

Flora and Ulysses
Kate DiCamillo

만 8~11세 / 520L
괴팍한 캐릭터를 유머러스하게 표현하여 읽는 내내 독서의 즐거움을 주는 소설

Crenshaw
Katherine Applegate

만 8~10세 / 540L
우정, 노숙, 희망, 용서, 수용 그리고 사회의 부조리에 대해 생각해 보게 하는 책

Counting by 7s
Holly Goldberg Sloan

만 10~12세 / 770L
큰 슬픔을 극복하는 과정에서 행복을 찾아가는 주인공의 성장 이야기

Restart
Gordon Korman

만 10~12세 / 730L
기억 상실증에 걸린 주인공이 직면
하는 과거와 현재를 그린 책

My Side of the Mountain
Jean Craighead George

만 8~11세 / 810L
황야의 생활을 통해 진정한 용기와
독립성은 무엇인지를 생각하게 하
는 책

The Wednesday Wars
Gary D. Schmidt

만 10~12세 / 990L
다양한 형태의 전쟁을 매일 직면하
는 우리의 모습을 그려낸 소설

The Boy Who Harnessed the Wind
William Kamkwamba 외 1명

만 9~12세 / 860L
과학자의 꿈을 버리지 않고 역경을
딛고 서는 감동 실화 소설

Coraline
Neil Gaiman

만 8세 이상 / 740L
평행 세계를 발견하며 펼쳐지는 오
싹하고 흥미진진한 모험 이야기

Maniac Magee
Jerry Spinelli

만 9~12세 / 820L
노숙자, 인종 차별과 편견 등의 주제
를 다루며 달리기를 통해 세상을 변
화시키는 이야기

Inside Out and Back Again
Thanhha Lai

만 9~12세 / 800L
삶의 변화, 꿈, 슬픔, 치유에 관한 감
동적인 운문체 형식 소설

Towers Falling
Jewell Parker Rhodes

만 9~11세 / 410L
다양한 문화와 인종이 공존하는 미
국에서 벌어진 9.11 테러 사건을 배
우며 용기와 가치에 대해 배우는 책

The Crossover
Kwame Alexander

만 10~12세 / 750L
모든 이야기가 시의 형식으로 서술
이 되어 오히려 더 깊은 감동을 주는
책

The Miscalculations of Lightning Girl
Stacy McAnulty

만 8~12세 / 530L
벼락에 맞고 죽을 고비를 넘긴 후 수학 천재가 된 Lucy의 이야기

D'Aulaires' Book of Greek Myths
Edgar & Ingri D'Aulaire

만 6~10세 / 1070L
그리스의 고대 신들에 대해 자세히 소개하고 예술 작품 삽화가 있는 책

Brown Girl Dreaming
Jacqueline Woodson

만 9세 이상 / 990L
인종 차별과 편견, 행동주의와 시민권 운동을 잔잔하고 나지막한 어조로 담은 시

Planet Earth Is Blue
Nicole Panteleakos

만 11~12세 / 740L
자폐증 소녀 Nova의 꿈, 상실, 희망을 전달하는 이야기

Beyond the Bright Sea
Lauren Wolk

만 9~12세 / 770L
정체성, 소속감, 그리고 가족의 진정한 의미를 탐구하는 긴장감 넘치는 이야기

The Benefits of Being an Octopus
Ann Braden

만 8~12세 / 770L
계급, 빈곤, 총기 소유의 도덕적 모호성에 대한 주제를 다룬 이야기

One for the Murphys
Lynda Mullaly Hunt

만 10~12세 / 520L
따뜻한 가족애를 느껴 보지 못했던 소녀가 위탁 가정을 통해 마음의 상처를 치유하는 이야기

Song for a Whale
Lynne Kelly

만 9~12세 / 800L
청각 장애가 있는 Iris가 고래 사이에서 소통을 못하는 Blue 55를 도우며 희망을 주는 이야기

White Rose
Kip Wilson

만 12세 이상 / 1080L
파시스트 정권에 대항하는 이야기를 시로 쓴 소설

Mostly the Honest Truth

Jody J. Little

만 8~12세 / HL700L

가족의 진정한 의미를 생각하게 하
는 이야기

The Line Tender

Kate Allen

만 10세 이상 / 710L

자연의 미스터리와 연관성을 찾으
려는 Lucy의 감동적인 이야기

All the Impossible Things

Lindsay Lackey

만 8~12세 / 630L

가족, 사랑, 우정에 대해 탐구해 나
가는 Red의 성장 이야기

04 아마존 베스트 문학(2020년)

아마존에서는 매년 베스트 문학과 비문학을 선정하여 추천한다. 2020년에 선정된 도서 중에서 추천하고 싶은 도서를 정리하였다. 먼저 문학 부분으로 고전 문학 작품도 좋지만, 최근에 어떤 책들이 주목을 받았는지 살펴보는 재미가 쏠쏠하다.

The Ickabog
J. K. Rowling
만 9세 이상 / 1090L

The Bad Guys
Aaron Blabey
만 6~9세 / 550L

InvestiGators
John Patrick Green
만 6~9세 / GN390L

Max Meow
John Gallagher
만 7~10세 / GN190L

All Because You Matter
Tami Charles
만 3~8세 / AD810L

Ikenga
Nnedi Okorafor
만 10~12세

The Barnabus Project
Terry Fan
만 5~9세 / AD590L

Skunk and Badger
Amy Timberlake
만 8~12세

Ways to Make Sunshine
Renée Watson
만 7~10세

Agent Moose
Mo O'Hara
만 6~9세

The Secret Explorers and the Lost Whales
DK 출판사
만 7~9세 / 600L

Pea, Bee, & Jay
Brian "Smitty" Smith
만 6~10세

Madame Badobedah
Sophie Dahl
만 5~8세

Willa the Wisp
Jonathan Auxier
만 6~9세 / 580L

Premeditated Myrtle
Elizabeth C. Bunce
만 10세 이상 / 740L

Ronan the Librarian
Tara Luebbe, Becky Cattie
만 4~8세 / AD400L

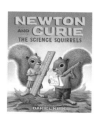

Newton and Curie: The Science Squirrels
Daniel Kirk
만 5~9세

The Truth About Dragons
Jaime Zollars
만 4~8세 / 580L

Trowbridge Road
Marcella Pixley
만 10세 이상 / 770L

The One and Only Bob
Katherine Applegate
만 8~11세 / 570L

The Tower of Nero
Rick Riordan
만 10세 이상 / 740L

The Nerviest Girl in the World
Melissa Wiley
만 8~12세 / 900L

Three Keys
Kelly Yang
만 8~12세 / 710L

Everything Sad Is Untrue
Daniel Nayeri
만 12세 이상 / 800L

Primer
Jennifer Muro 외 2명 공저
만 8–12세 / GN

Prairie Lotus
Linda Sue Park
만 10~12세 / 730L

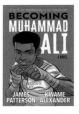

Becoming Muhammad Ali
James Patterson, Kwame Alexander
만 8~12세 / 1010L

Before the Ever After
Jacqueline Woodson
만 10세 이상

Goodbye, Mr. Terupt
Rob Buyea
만 8~12세 / 690L

Black Brother, Black Brother
Jewell Parker Rhodes
만 8~12세

Paola Santiago and the River of Tears
Tehlor Kay Mejia
만 8~12세 / 840L

The Silver Arrow
Lev Grossman
만 8~12세 / 740L

The Wizards of Once: Never and Forever
Cressida Cowell
만 8~12세 / 890L

05 아마존 베스트 비문학(2020년)

2020년 아마존 베스트 비문학 작품 중에서 추천할 도서 위주로 정리하였다.
아이가 관심을 가지는 도서 위주로 먼저 읽게 하여, 비문학 도서도 자연스럽
게 흥미를 가질 수 있도록 지도해야 한다.

The Mysteries of the Universe
DK 출판사
만 5~9세

Jefferson Measures a Moose
Mara Rockliff
만 6~9세

The Oldest Student: How Mary Walker Learned to Read
Rita Lorraine Hubbard
만 4~8세 / AD830L

Wolfpack
Abby Wambach
만 10세 이상

How to Solve a Problem: The Rise (and Falls) **of a Rock–Climbing Champion**
Ashima Shiraishi
만 4~8세 / AD650L

Kate the Chemist: The Big Book of Experiments
Kate Biberdorf
만 8~12세

How to Write a Story
Kate Messner
만 5~8세 / 590L

The Times Machine!:
Learn Multiplication
and Division. . . Like,
Yesterday!
Danica McKellar
만 8~10세 / 750L

Finish the Fight!: The
Brave and Revolutionary
Women Who Fought for
the Right to Vote
Veronica Chambers
만 8~12세

I Am Not a Label: 34
disabled artists, thinkers,
athletes and activists
from past and present
Cerrie Burnell
만 6~12세

Ocean Speaks:
How Marie Tharp
Revealed the Ocean's
Biggest Secret
Jess Keating
만 4~8세

Fred's Big Feelings:
The Life and Legacy of
Mister Rogers
Laura Renauld
만 4~8세 / AD740L

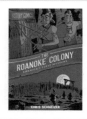

History Comics: The
Roanoke Colony:
America's First Mystery
Chris Schweizer
만 9세 이상

Grow: Secrets of Our
DNA
Nicola Davies
만 5~9세

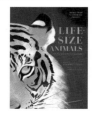

Life-Size Animals: An
Illustrated Safari
Rita Mabel Schiavo
만 6~9세

266

Wildlife on Paper: Animals at Risk Around the Globe
Kunal Kundu

만 6~9세 / NC1060L

Behind the Scenes at the Museum
DK 출판사

만 9~12세 / IG1180L

When Darwin Sailed the Sea
David Long

만 8~10세

Basher STEM Junior Science
Jonathan O'Callaghan

만 7~10세

What If You Had Animal Teeth?
Sandra Markle

만 4~8세 / AD610L

Indescribable: 100 Devotions for Kids About God and Science
Louie Giglio

만 6~10세

그래픽 노블

파닉스 이후 챕터북으로 넘어가는 단계에 아이들이 읽기를 독립할 수 있도록
그래픽 노블을 추천한다. 그래픽 노블을 읽은 후 글자가 많은 소설을 읽으면
좀 더 부담없이 소설 읽기를 시작할 수 있다. 그래픽 노블은 거의 시리즈로 출
간이 되지만 이 추천 리스트에 권수 표기는 생략하였다.

Wings of Fire
Tui T. Sutherland
만 8~12세 / GN280L

Magic Tree House
Mary Pope Osborne
만 6~9세 / GN430L

Amulet
Kazu Kibuishi
만 8~12세 / GN310L

Babymouse
Jennifer L. & Matthew Holm
만 7~10세 / GN740L

The Flying Beaver Brothers
Maxwell Eaton III
만 6~9세 / GN530L

Bird & Squirrel
James Burks
만 7~10세 / GN500L

CatStronauts
Drew Brockington
만 6~10세 / GN480L

Lunch Lady
Jarrett J. Krosoczka
만 7~10세 / GN520L

Owly
Andy Runton
만 7~10세 / GN360N

Phoebe and Her Unicorn
Dana Simpson
만 8~12세 / GN390L

A Binky Adventure
Ashley Spires
만 7~10세 / GN360L

Narwhal and Jelly Book
Ben Clanton
만 6~9세 / AD490L

Geronimo Stilton
Geronimo Stilton
만 7~11세 / GN330L

Camping with Unicorns
Dana Simpson
만 7~14세 / GN450L

Baby-Sitters Little Sister
Katy Farina
만 7~10세 / GN490L

I Survived
Lauren Tarshis
만 7~12세 / GN390L

When Stars Are Scattered
Victoria Jamieson, Omar Mohamed
만 9~12세 / GN530L

Nat Enough
Maria Scrivan
만 8~12세 / GN520L

Emmie & Friends
Terri Libenson
만 8~12세 / GN570L

Anne of Green Gables
Mariah Marsden
만 7~12세 / GN500L

Percy Jackson & the Olympians
Rick Riordan
만 10~14 / GN360L

Big Nate
Lincoln Peirce
만 8~12세 / GN300L~GN450

Noodleheads
Tedd Arnold
만 6~9세 / GN380L

Smile
Raina Telgemeier
만 8~12세 / GN410L

Sisters
Raina Telgemeier
만 8~12세 / GN290L

Crafty Cat
Charise Mericle Harper
만 6~10세 / GN490L

Max and the Midknights
Lincoln Peirce
만 8~12세 / GN490L

Caveboy Dave
Aaron Reynolds,
Phil McAndrew 공저
만 8~12세 / GN170L

Dog Man
Dav Pilkey
만 7~10세 / GN530L

Cat Kid Comic Club
Dav Pilkey
만 7~9세 / GN520L

New Kid
Jerry Craft
만 9~12세 / GN320L

Class Act
Jerry Craft
만 8~12세 / GN340L

Eoin Colfer Artemis Fowl
Michael Moreci
만 8~12세 / GN460L

07

비문학 도서

문학 도서뿐만 아니라 비문학 도서도 적절하게 섞어서 읽는 것이 좋다. 처음에는 어려워 보일 수 있지만 영미권 아이들은 어려서부터 비문학 도서를 부모와 함께 읽는다. 다양한 분야의 책을 아이들에게 보여 주면 아이는 어떤 분야의 책을 접해도 편하게 읽게 된다.

The Magic School Bus
(12권)
Joanna Cole and Bruce Degen
만 3~8세 / AD690L
문학과 비문학이 골고루 섞여 있어 읽기 좋은 도서

The Magic School Bus Presents (10권)
만 5~8세 / NC860L
The Magic School Bus 시리즈와 짝꿍 도서로 많이 보는 책 시리즈

National Geographic Readers
만 4~8세 / 710L
세 개의 레벨로 나뉘어 구성된 비문학 내셔널 지오그래픽 잡지, 생생한 사진과 다양한 지식이 담긴 책

National Geographic Readers Bios
(21권+)
만 6~9세 / 700L
논픽션 위인전

Magic Tree House Fact Tracker (42권+)
Mary Pope Osborne 외 공저
만 7~10세 / 780L
Magic Tree House와 비문학 짝꿍 도서

Magic Tree House Incredible Fact Book
Mary Pope Osborne
만 7~10세 / 810L
Magic Tree House를 좋아하는 아이에게 추천하는 도서

Who was (192권+)
만 8~12세 / 600L~880L
인물 위인책

What was (52권+)
만 8~12세 / 600L~880L
사건이나 사물, 역사에 관한 책

Where is (36권+)
만 8~12세 / 600L~950L
나라, 세계 문화, 장소에 관한 책

The Story of the World (4권)
Susan Wise Bauer

만 6~12세
시대별 역사를 쉽게 이해할 수 있는
책

100 Things to Know
About (9권)
만 8~12세
어려운 주제에 대해 자세하고 재미
있게 설명해 주는 비문학 도서

Everything You Need to Ace
(Big Fat Note Book) (10권+)

중고등학생을 대상으로 집필된 책
이지만 초등학생부터 참고 도서로
활용하면 좋은 시리즈

Awesome Engineering
Activities for Kids
Christina Schul
만 4~10세
엔지니어링 관련된 50가지 이상의
STEAM 프로젝트를 할 수 있는 책

Awesome Kitchen Science
Experiments for Kids
Megan Olivia Hall
만 5~10세
음식 관련된 50가지 이상의
STEAM 프로젝트를 할 수 있는 책

Awesome Science
Experiments for Kids
Crystal Chatterton
만 4~10세
100가지가 넘는 과학 실험을 통해 아
이 눈높이로 과학을 잘 설명한 책

다음은 타임지에서 다양한 기관과 독자를 대상으로 투표를 해 선정한 청소년을 위한 베스트 도서 리스트다. 유명한 책도 많지만 모두 추천할 만한 도서들이다. 책의 두께나 단어 개수에 신경 쓰지 말고 추천 연령을 참고하여 독서를 즐길 수 있길 바란다.

The Absolutely True Diary of a Part-Time Indian
Sherman Alexie
만 12세 이상 / 600L

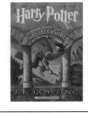

Harry Potter and the Philosopher's Stone
J. K. Rowling
만 7~11세 / 880L

The Book Thief
Markus Zusak
만 10세 이상 / 730L

A Wrinkle in Time
Madeleine L'Engle
만 9~12세 / 740L

Charlotte's Web
E. B. White
만 5~9세 / 680L

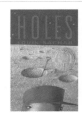

Holes
Louis Sachar
만 9~12세 / 660L

Matilda
Roald Dahl
만 6〜10세 / 840L

The Outsiders
S. E. Hinton
만 12세 이상 / 750L

The Phantom Tollbooth
Norton Juster
만 8〜12세 / 1000L

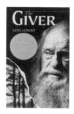

The Giver
Lois Lowry
만 10세 이상 / 760L

Are You There God? It's Me, Margaret
Judy Blume
만 9〜12세 / 570L

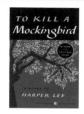

To Kill A Mockingbird
Harper Lee
만 12〜17세 / 790L

Roll of Thunder, Hear My Cry
Mildred D. Taylor
만 10〜12세 / 920L

Anne of Green Gables
L. M. Montgomery
만 9세 이상 / 560L

The Chronicles of Narnia
C. S. Lewis
만 8〜12세 / 940L

Monster
Walter Dean Myers
만 13~17세 / 670L

The Golden Compass
Philip Pullman
만 10세 이상 / 930L

The Diary of a Young Girl
Anne Frank
만 14~17세 / 1020L

From the Mixed-Up Files of Mrs. Basil E. Frankweiler
E. L. Konigsburg
만 8~11세 / 700L

Looking for Alaska
John Green
만 14세 이상 / 850L

The Curious Incident of the Dog in the Night-Time
Mark Haddon
만 14세 이상 / 1090L

Little House on the Prairie
Laura Ingalls Wilder
만 5~10세 / 760L

The Miraculous Journey of Edward Tulane
Kate DiCamillo
만 7~10세 / 700L

Wonder
R. J. Palacio
만 9~11세 / 780L

The Sword in the Stone
T. H. White
1120L

The Catcher in the Rye
J. D. Salinger
만 14세 이상 / 790L

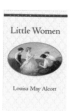

Little Women
Louisa May Alcott
만 9세 이상 / 940L

The Adventures of Huckleberry Finn
Mark Twain
만 9세 이상 / 990L

The Hobbit
J. R. R. Tolkien
만 12세 이상 / 1000L

The Wonderful Wizard of Oz
L. Frank Baum
만 8세 이상 / 990L

Lord of the Flies
William Golding
만 14 이상 / 770L

Charlie and the Chocolate Factory
Roald Dahl
만 8~12세 / 810L

Alice's Adventures in Wonderland
Lewis Carroll
만 8~11세 / 850L

Bridge to Terabithia
Katherine Paterson
만 10세 이상 / 810L

The Call of the Wild
Jack London
만 8~12세 / 990L

A Separate Peace
John Knowles
만 14~17세 / 1030L

Harriet the Spy
Louise Fitzhugh
만 8~11세 / 760L

The Chocolate War
Robert Cormier
만 12세 이상 / 820L

Jacob Have I Loved
Katherine Paterson
만 13세 이상 / 880L

A Series of Unfortunate Events
Lemony Snicket
만 8~11세 / 1010L

Hatchet
Gary Paulsen
만 9세 이상 / 1020L

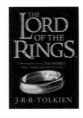

The Lord of the Rings
J. R. R. Tolkien
만 12세 이상 / 860L

Feed
M. T. Anderson
만 14세 이상 / 770L

The Alchemyst
Michael Scott
만 12세 이상 / 890L

The Princess Bride
William Goldman
만 12세 이상 / 870L

Beezus and Ramona
Beverly Cleary
만 4~9세 / 780L

Tarzan of the Apes
Edgar Rice Burroughs
만 12~16세 / 1000L

Johnny Tremain
Esther Hoskins Forbes
만 10세 이상 / 840L

The Westing Game
Ellen Raskin
만 9~12세 / 750L

The Wind in the Willows
Kenneth Grahame
만 5~11세 / NC1140L

Speak
Laurie Halse Anderson
만 12세 이상 / 690L ·

Mary Poppins
P. L. Travers
만 4~9세 / 830L

The Fault in Our Stars
John Green
만 14세 이상 / 850L

A Northern Light
Jennifer Donnelly
만 12세 이상 / 700L

The Yearling
Marjorie Kinnan Rawlings
만 8~12세 / 780L

The Hunger Games Trilogy
Suzanne Collins
만 10세 이상 / 810L

For Freedom
Kimberly Brubaker Bradley
만 12세 이상 / 580L

The Wall: Growing Up Behind the Iron Curtain
Peter Sís
만 8~12세 / AD760L

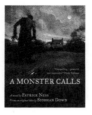

A Monster Calls
Patrick Ness
만 12세 이상 / 730L

Percy Jackson and the Olympians
Rick Riordan
만 9~12세 / 680L

The Illustrated Man
Ray Bradbury
680L

A Wreath for Emmett Till
Marilyn Nelson
만 12세 이상 / NP

Every Day
David Levithan
만 12세 이상 / HL650L

Where Things Come Back
John Corey Whaley
만 14세 이상 / 960L

Number the Stars
Lois Lowry
만 9~11세 / 670L

Blankets
Craig Thompson
GN

Private Peaceful
Michael Morpurgo
만 12세 이상 / 860L

The Witch of Blackbird Pond
Elizabeth George Speare
만 10세 이상 / 850L

Dangerous Angels: The Weetzie Bat Books
Francesca Lia Block
만 14세 이상 / 960L

Frindle
Andrew Clements
만 8~10세 / 830L

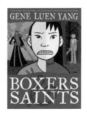

Boxers and Saints
Gene Luen Yang
만 12세 이상 / GN

The Graveyard Book
Neil Gaiman
만 10~12세 / 820L

City of Beasts
Isabel Allende
만 12세 이상 / 1030L

American Born Chinese
Gene Luen Yang
만 12세 이상 / GN530L

The Lost Conspiracy
Frances Hardinge
만 8~12세 / 970L

Dogsbody
Diana Wynne Jones
만 12세 이상

The Pigman
Paul Zindel
만 14세 이상 / 880L

Alabama Moon
Watt Key
만 10세 이상 / 720L

Esperanza Rising
Pam Muñoz Ryan
만 9~12세 / 750L

The Knife of Never Letting Go
Patrick Ness
만 14세 이상 / 860L

Boy Proof
Cecil Castellucci
만 14~17세 / 600L

Fallen Angels
Walter Dean Myers
만 12세 이상 / 650L

A High Wind in Jamaica
Richard Hughes

The Tiger Rising
Kate Dicamillo
만 8~11세 / 590L

When You Reach Me
Rebecca Stead
만 10~12세 / 750L

Saffy's Angel
Hilary McKay
만 8~12세 / 630L

The Grey King
Susan Cooper
만 10~12세 / 930L

Mrs. Frisby and the Rats of Nimh
Robert C. O'Brien
만 8~12세 / 790L

The Thief Lord
Cornelia Funke
만 9~12세 / 700L

The Mysterious Benedict Society
Trenton Lee Stewart
만 9~12세 / 890L

The Invention of Hugo Cabret
Brian Selznick
만 7~11세 / 820L

Sabriel
Garth Nix
만 13~17세 / 1000L

Tiger Lily
Jodi Lynn Anderson
만 13~17세 / 850L

The Secret
Pseudonymous Bosch
만 8~11세 / 810L

A Wizard of Earthsea
Ursula K. Le Guin
만 12세 이상 / 1150L

Tales of Mystery and Imagination
Edgar Allan Poe
만 11세 이상 / 980L

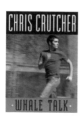

Whale Talk
Chris Crutcher
만 14세 이상 / 1000L

The Chronicles of Prydian
Lloyd Alexander
만 6~11세 / 770L

Danny the Champion of the World
Roald Dahl
만 7~10세 / 770L

Twilight
Stephenie Meyer
만 14세 이상 / 720L

09 타임지 선정 어린이 도서 100권

타임지가 선정한 100권의 어린이 도서이다. 이 목록은 전 세계 부모와 선생님이 참고하는 정보로 신뢰할 수 있는 도서들이다. 대부분의 도서들이 국내 번역본으로 출간되어 있어 아이들에게 영어와 우리말 버전을 각각 보여 주는 것도 도움이 된다.

Where the Wild Things Are
(괴물들이 사는 나라)
Maurice Sendak

The Snowy Day
(눈 오는 날)
Ezra Jack Keats

Goodnight Moon
(잘 자요 달님)
Margaret Wise Brown

Blueberries for Sal
(딸기 따는 샐)
Robert McCloskey

Little Bear
(꼬마곰)
Else Holmelund Minarik

Owl Moon
(부엉이와 보름달)
Jane Yolen

The Giving Tree
(아낌없이 주는 나무)
Shel Silverstein

The True Story of the Three Little Pigs
(늑대가 들려주는 아기 돼지 삼형제 이야기)
Jon Scieszka

Tuesday
(이상한 화요일)
David Wiesner

Where the Sidewalk Ends
(골목길이 끝나는 곳)
Shel Silverstein

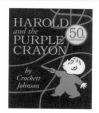

Harold and the Purple Crayon
(해롤드와 보라색 크레파스)
Crockett Johnson

Make Way for Ducklings
(아기 오리들한테 길을 비켜 주세요)
Robert McCloskey

Olivia
(그래도 엄마는 너를 사랑한단다)
Ian Falconer

Madeline
(씩씩한 마들린느)
Ludwig Bemelmans

Anno's Journey
(여행 그림책 중부 유럽 편)
Mitsumasa Anno

The Frog and Toad Collection
(개구리와 두꺼비가 함께)
Arnold Lobel

Click, Clack, Moo Cows That Type
(탁탁 톡톡 음매 젖소가 편지를 쓴 대요)
Doreen Cronin

The Story of Ferdinand
(꽃을 좋아하는 소 페르디난드)
Munro Leaf

Don't Let the Pigeon Drive the Bus!
(비둘기에게 버스 운전을 맡기지 마세요)
Mo Willems

The Lorax
(닥터 수스 로렉스)
Dr. Seuss

Corduroy
(꼬마곰 코듀로이)
Don Freeman

I Want My Hat Back
(내 모자 어디 갔을까?)
Jon Klassen

Miss Rumphius
(미스 럼피우스)
Barbara Cooney

Brave Irene
(용감한 아이린!)
William Steig

Alexander and the
Terrible, Horrible, No
Good, Very Bad Day
(난 지구 반대편 나라로 가버릴테
야!)
Judith Viorst

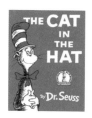

The Cat in the Hat
(모자 쓴 고양이)
Dr. Seuss

Press Here
Herve Tullet

The Day the Crayons Quit
(크레용이 화났어)
Drew Daywalt

Whistle for Willie
(휘파람을 불어요)
Ezra Jack Keats

The Garden of Abdul
Gasazi
(마법사 압둘 가사지의 정원)
Chris Van Allsburg

Yertle the Turtle and
Other Stories
Dr. Seuss

Millions of Cats
(백만 마리 고양이)
Wanda Gag

Chicka Chicka Boom
Boom
(치카치카 붐붐)
Bill Martin Jr. &
John Archambault

A Bear Called Paddington
(내 이름은 패딩턴)
Michael Bond

The Complete Tales of Winnie-the-Pooh
(곰돌이 푸우 이야기)
A. A. Milne

The Tale of Peter Rabbit
(피터 래빗 이야기)
Beatrix Potter

Mike Mulligan and His Steam Shovel
(마이크 멀리건과 증기 삽차)
Virginia Lee Burton

Go, Dog Go
P.D. Eastman

Mama Don't Allow
Thacher Hurd

Eloise
(엘로이즈)
Kay Thompson

Bread and Jam for Frances
(프란시스는 잼만 좋아해)
Russell Hoban

Amelia Bedelia
(아멜리아 베델리아)
Peggy Parish

Love You Forever
(언제까지나 너를 사랑해)
Robert Munsch

Animalia
Graeme Base

In the Night Kitchen
(깊은 밤 부엌에서)
Maurice Sendak

Diary of a Wombat
Jackie French

Tikki Tikki Tembo
(티키 티키 템보)
Arlene Mosel

Extra Yarn
(애너벨과 신기한 털실)
Mac Barnett

Good Dog, Carl
Alexandra Day

My Father's Dragon
Ruth Stiles Gannett

Hello, Rock
Roger Bradfield

The Gruffalo
(괴물 그루팔로)
Julia Donaldson

Sylvester and the Magic Pebble
(당나귀 실베스터와 요술 조약돌)
William Steig

The Important Book
(중요한 사실)
Margaret Wise Brown

Jazz
Walter Dean Myers

The Stranger
(나그네의 선물)
Chris Van Allsburg

The Very Hungry Caterpillar
(배고픈 애벌레)
Eric Carle

Elephant & Piggie
(코끼리와 꿀꿀이 시리즈)
Mo Willems

Jenny and the Cat Club
(제니와 고양이 클럽)
Esther Averill

The Runaway Bunny
(엄마, 난 도망갈 거야)
Margaret Wise Brown

Pippi Longstocking
(내 이름은 삐삐롱스타킹)
Astrid Lindgren

Journey
(머나먼 여행)
Aaron Becker

The Red Balloon
(빨간 풍선)
Albert Lamorisse

Little Owl's Night
Divya Srinivasan

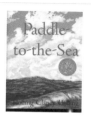

Paddle-to-the-Sea
Holling Clancy Holling

Katy and the Big Snow
(케이티와 폭설)
Virginia Lee Burton

A Sick Day for Amos McGee
(아모스 할아버지가 아픈 날)
Philip C. Stead

Slow Loris
(느림보 로리스)
Alexis Deacon

The Color Kittens
(색깔을 만드는 아기 고양이)
Margaret Wise Brown

The Fantastic Flying Books of Mr. Morris Lessmore
(환상적인 날아다니는 책)
William Joyce

Oh, the Places You'll Go!
Dr. Seuss

The Little Engine That Could
(씩씩한 꼬마 기관차)
Watty Piper

Cars and Trucks and Things That Go
(부릉부릉 자동차가 좋아)
Richard Scarry

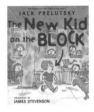

The New Kid on the Block
Jack Prelutsky

How Rocket Learned to Read
(책 읽는 강아지 뭉치)
Tad Hills

The Stinky Cheese Man and Other Fairly Stupid Tales
(냄새 고약한 치즈맨과 멍청한 이야기들)
Jon Scieszka

The Story of Babar: The Little Elephant
(코끼리 왕 바바의 모험)
Jean de Brunhoff

The Three Questions
(세 가지 질문)
Jon J. Muth

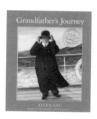

Grandfather's Journey
(할아버지의 먼 여행)
Allen Say

We Are The Ship: The Story of Negro League Baseball
(위대한 야구 이야기)
Kadir Nelson

We're Going on a Bear Hunt
(곰 사냥을 떠나자)
Helen Oxenbury, Michael Rosen

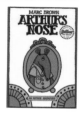

Arthur's Nose (An Arthur Adventure)
Marc Brown

If You Give a Mouse a Cookie
(꼬마 생쥐에게 과자를 주지 마세요)
Laura Joffe Numeroff

Sayonara, Mrs. Kackleman
Maira Kalman

Miss Nelson Is Missing!
(선생님을 찾습니다)
Harry Allard

Lilly's Purple Plastic Purse
Kevin Henkes

Alligator Pie
Dennis Lee

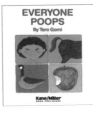

Everyone Poops
(누구나 눈다)
Taro Gomi

Rain Makes Applesauce
(비는 사과 소스를 만들어요)
Julian Scheer

Lon Po Po: A Red-Riding Hood Story from China
(늑대 할머니)
Ed Young

The Berenstain Bears
Stan & Jan Berenstain

Mr. Popper's Penguins
(파퍼 씨의 12마리 펭귄)
Richard & Florence Atwater

Library Lion
(도서관에 간 사자)
Michelle Knudsen

The Real Mother Goose
Blanche Fisher Wright

Harry the Dirty Dog
(개구쟁이 해리: 목욕은 정말 싫어요)
Gene Zion

Out of My Mind
(안녕, 내 뻐끔거리는 단어들)
Sharon M. Draper

The Poky Little Puppy
Janette Sebring Lowrey

Pete the Cat
Eric Litwin

Stellaluna
Janell Cannon

Green Eggs and Ham
Dr. Seuss

아이의 의견을 존중해 주는 것이 엄마표 영어의 핵심이다.

나는 중학교 1학년이 되면서 우리말과 영어를 동시에 배우고 싶다는 생각에 미국에 가고자 했다. 미국에 가면 기회가 더 많이 있을 것이란 막연한 상상을 하며 고민 끝에 부모님께 유학의 결심을 말씀드렸고 중학교 1학년 여름방학 때 미국 중학교 2학년(8학년)으로 전학을 갔다. 미국에서 유년 시절을 겪으며 가장 힘들었던 것은 정보 수집이었다. 대학을 가고 싶은데 방법을 몰랐고 도움을 요청할 사람도 마땅히 없어 정보에 대한 갈증을 느꼈다.

이제는 엄마가 되었지만 자녀 교육 역시 내가 원하는 정보를 구하는 것이 쉽지 않았기에 처음에는 어디서부터 어떻게 해야 할지 몰랐다. 하지만 여러 책을 통해서 정보를 얻게 되었고, 시행착오를 겪으면서 이제는 다양한 노하우가 쌓였다. 혹시 나처럼 정보가 갈급한 사람들이 있을 것 같다는 생각에 유튜브 채널 〈미쉘TV〉를 시작했다.

미국에서의 삶은 항상 아름다운 순간만 있는 것이 아니었다. 부모님과 멀리 떨어져 지냈기 때문에 자립심이 강해져야만 했고, 어린 나이에 사회생활을 일찍부터 하다 보니 독하게 살아야 한다는 생각이 컸다. 혼

자 모든 것을 알아 보고 해결하고 선택해야 했기 때문에 우리 아이에게
는 조금이나마 도움을 주고 싶었다. 하지만 쉽게 알려 주고 싶은 마음은
없다. 사람 인생은 언제 어떻게 될지 모르기 때문에 강한 아이로 성장하
길 바란다. 쉽게 답을 알려 주기보단 인내심과 끈기를 길러 주고, 좋은 습
관을 형성할 수 있도록 도움을 주고 있다.

　나는 어려웠던 시절 많은 것을 책을 통해 배워서인지 책의 힘을 믿는
다. 어찌 보면 책을 통해 많은 의사결정을 내렸기 때문이다. 하지만 아이
에게 책을 너무 강요하지 않는다. 대신 엄마가 책을 얼마나 좋아하고 책
을 통해 무엇을 새롭게 알게 되었는지를 자주 공유한다.

　성공적인 교육 방법은 없다고 생각한다. 아이가 자신에게 맞는 공부
방법을 찾아가는 여정을 떠나는데 우리는 조력자 역할을 하는 것이다.
아이의 의견을 존중해 주는 육아를 한다면 아이는 크고 작은 실현이 있
더라도 결국 바른 길을 선택하리라 믿는다. 이 책을 읽는 독자의 자녀분
들도 각자의 빛깔을 가지고 사랑을 듬뿍 받으며 자라나길 바란다.

초등

영어책 읽기의 기적